管理就是凝聚人心

激活团队的33堂管理实操课

袁 亮◎著

中国商业出版社

图书在版编目（CIP）数据

管理就是凝聚人心：激活团队的33堂管理实操课 / 袁亮著． -- 北京：中国商业出版社，2021.9
ISBN 978-7-5208-1814-8

Ⅰ．①管… Ⅱ．①袁… Ⅲ．①企业管理－团队管理 Ⅳ．①F272

中国版本图书馆CIP数据核字（2021）第197314号

责任编辑：朱文昊　黄世嘉

中国商业出版社出版发行
010-63180647　www.c-cbook.com
（100053　北京广安门内报国寺1号）
新华书店经销
文畅阁印刷有限公司印刷
*
710毫米×1000毫米　16开　14印张　200千字
2021年9月第1版　2021年9月第1次印刷
定价：59.00元
****
（如有印装质量问题可更换）

管理就是
凝聚人心

前言

道可道，非常道。

2500年前诞生的《道德经》，开篇用这六个字，塑造了一个宏大的世界。什么是道？数千年的历史长河中，无数政治家、哲学家、军事家都在探寻它的本质。一个"道"字，将中华文化精准归纳，直到今天它依然发挥着巨大的作用。

改革开放以来，随着我国社会经济的快速发展，诞生了一大批创造辉煌业绩的企业和企业家，成为无数人学习的榜样和梦想。

但是，实现梦想的路并不容易。很多时候，这条路上最大的拦路虎并不是竞争对手，而是我们自己——

"我招聘的这批员工根本不行！基本工作都做不好！"

"我很后悔任命这名中层领导，他根本不懂管理！"

"别让我给你提建议，我连我自己的公司都管理不好！"

"我感觉我是全公司的敌人，大家不喜欢我这个老板！头疼！"

……

在三度培训课程上，我见过无数企业家这样抱怨。如何做好内部管理，如何让员工一条心，这是困扰企业家最大的难题。因为不懂管理，所以他们的决策没有效果，他们的管理条例无法落实，他们的心态开始失衡，企业效益也呈现不断下滑的趋势。

为什么会出现这样的现象？很重要的一个原因：很多企业没有建立完善的管理哲学，只是简单套用成功企业的管理方法。这就像钓鱼，你听说有人通过某种鱼竿、某种鱼饵就可以钓到大鱼，但是你根本不去了解这条河在哪里、这条河的特点是什么、这种鱼是什么鱼，只是生搬硬套，自然没有效果。

这本《管理就更凝聚人心》与市面上类似的书有着不同：它强调技巧，但入手绝不是技巧，而是要建立一套管理的哲学思维。它从哲学思维入手，但又不曲高和寡，落脚点依然在实际的企业管理中。

这就是三度培训的核心所在：思维与方法相结合，思维先于方法，方法落实思维。与纯粹的国学体系管理模式和一味强调西方管理体系的理念不同，三度培训的核心理念并不纠结于某种类型的争论，在三度体系中，二者并不是水火不相容的对立面。传统文化奠定企业管理的基础理论与哲学观，它根植于中国、发展于中国，更适合中国企业的现状。与此同时，西方现代管理体系已经发展百年，同样建立了完善的方法论、技巧论，尤其在绩效考核等方面，具有非常优秀的价值。"取百家之长"，不带着主观情绪一味否定每一种管理思维，这是三度管理体系的精髓所在。

"以人为本"这四个字，是三度培训体系的核心，也是这本书的核心。在本书中，笔者将结合传统文化、西方管理技巧打通企业管理的任督二脉，并引入大量三度培训课程中很多企业出现的正面、反面案例，通过企业家心态重塑、员工关系重塑、铁班底团队建立、思想行为统一、六大管理系统、团队PK文化建设等多个角度，帮助企业家走出管理困境。"授之以鱼，不如授之以渔"，当企业家、企业高层管理人员、企业中层管理人员阅读完本书后，相信一定会建立一套完善的企业管理体系，这时候再结合相应的管理技巧，那么企业发展必然无往而不利！

目 录

第一章　先人后事：企业管理就是老板自我管理 /001
　　01　什么才是真正的管理 /003
　　02　传统中国式管理有什么秘密 /009
　　03　什么才是真正的管人：管自己与管别人 /015
　　04　为什么说"先人后事，人在事前" /025
　　05　企业管理，思维比能力更重要 /032
　　06　如何才能破解管理困局，高效管理 /037

第二章　以人为本：领导者要有成就员工之心 /043
　　01　为什么说领导者要有成就员工之心 /045
　　02　八字箴言：以身作则，身先士卒 /056
　　03　如何才能帮助员工赚钱 /063
　　04　如何才能帮助员工成长 /069
　　05　如何才能帮助员工找到信仰之路 /077

第三章　选人有术：打造铁团队，先挑选核心铁班底 /085
　　01　再强大的企业，都需要一支铁军 /087
　　02　铁团队与铁班底 /093
　　03　挑选核心铁班底的三个要素 /098
　　04　成为铁班底的六个必要 /105
　　05　铁班底如何成长 /111

第四章　千人一面：如何让团队统一思想，统一行为 /117

　　01　团队为什么要统一思想 /119

　　02　团队如何才能统一思想 /123

　　03　团队如何才能上下同频 /127

　　04　团队如何才能上下同心 /135

　　05　团队如何才能上下同欲 /141

第五章　系统为大：管理企业不能不懂的六大系统 /145

　　01　晨夕会系统如何落地 /147

　　02　成果日志系统如何落地 /156

　　03　绩效会系统如何落地 /162

　　04　PK 会系统如何落地 /170

　　05　三欣会系统如何落地 /179

　　06　全员表彰大会系统如何落地 /183

第六章　六字箴言：做好团队 PK，企业才有生命力 /189

　　01　PK 的三大误区、四大原则与七大标准 /191

　　02　眼：随处可见 PK 的景象与画面 /200

　　03　耳：随处可闻 PK 的景象与画面 /203

　　04　鼻与舌：打造企业的家庭化氛围 /206

　　05　身：让团队在身体上找到 PK 的感觉 /212

　　06　意：做足团队的思想动员工作 /215

管理就是凝聚人心

第一章

先人后事：企业管理就是老板自我管理

想要管好别人，首先管好自己。做不好企业管理的老板，都做不好自我管理，总喜欢纸上谈兵、侃侃而谈。什么才是管理？进行企业管理前，自己应当具备怎样的能力和素质？企业与员工之间，老板与员工之间的关系究竟是什么？只有理清这些思路，才算跨入了企业管理的大门。

01
什么才是真正的管理

管理是所有企业领导者最迫切需要解决的问题，主要包括五个方面。

一是架构管理。企业应建立什么样的结构才能实现最优效果？需要设计哪些部门？各个部门之间的运作又该如何设定？

二是业务管理。企业的核心业务是什么？如何做好这些业务？如何拓展其他业务？如何协调技术部门与销售部门之间的关系？

三是制度管理。企业应当建立怎样的管理制度？这些制度是否合理？是否可以产生积极的激励效应？是否能够让企业进入良性的正向循环？

四是客户管理。应该如何精准服务客户？如何处理客户的需求、投诉和建议？员工能否及时将客户的信息反馈至企业？

五是薪金管理。给一线员工的基础工资多少合理？如何建立有效的奖金激励机制？

这些管理，归根结底都总结为一个字"人"。

1. 管理的本质，是管人

管，包含疏通、引导、促进、肯定、打开之意，又包含限制、规避、约束、否定、闭合之意。理，即为玉石上的纹理。上乘的玉石，必然纹理顺滑流畅。人工伪造的玉石，纹理充满切割感，毫无发展规律之美。

管要管人，理是理事。

无论架构、业务、薪金，制度的背后是一个个真实的人。进入企业的人是员工，员工形成小组，小组形成部门，部门再搭建出企业。管理，一方面是要管人，另一方面是要理事，先人后事，人在事前。做好人的管理，才能去理好事情，进而做好整个企业的管理。

人的位置在事之前，人的价值比事更大。这是很多企业领导者最容易忽视的。他们是企业的带头人，但他们却还停留在只看事的层面。工作中，他们注重员工如何服务、如何销售、如何开拓客源、如何内部沟通、如何提高效率、如何打造项目……其中无论哪一项，都是重要的事情，甚至会成为领导者眼中决定企业生死存亡的大事。

这些事情是否重要？当然！但这些就能构成完整的管理吗？不能！

如果领导者将精力全部花费在指导事务性工作上，就会变成只"理"事，不"管"人，忽视员工的成长。

因此，企业面对的各类问题，诸如普通员工成长慢、精英员工流失快、管理团队松散、服务意识差、集体协调水平不佳等，归根结底，不是因为领导者没有去"理"事，而是他们没有真正"管"人。

当领导者忽视"人"，所有"事"上的努力，就都将变成无用功。你的对手，只需要比你更会"管"人，就能挖走那些擅长做事的员工、合伙人，甚至最后挖走股东，让这些"人"为他们做"事"。到那时，你才会追悔莫及！

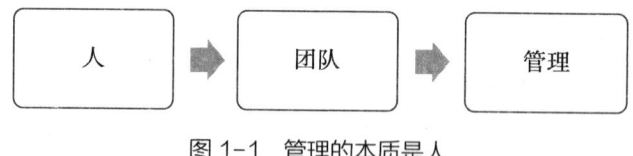

图 1-1　管理的本质是人

真正为企业创造价值的主体是人，而非制度、架构、资源。

制度、架构、资源，是为人所服务的，能让人处于最好的做事状态，当人们为企业创造价值的同时，获得相应的物质、精神回馈，人们会团结在一起共同成长，形成拥有超强战斗力的团队，为企业的发展贡献自己的力量。

也有人这样想，既然管理人是很复杂的事情，那么我不如剑走偏锋，做不需要具体管理人的企业！

这样的想法现实吗？在特定条件下，不是没有可能。30年前，我们可以一个人凭借一辆汽车，通过边境贸易实现财富的积累，即"倒爷"。20年前，我们可以在自己租住的房间里，通过一台电脑、一段代码创建一个信息导航网站，以此赚取财富。当一些行业规则尚未建立，全行业尚属于蓝海的时代，少数企业家可以凭借自己敏锐的眼光、大胆的决策和与生俱来的运气，快速赚得人生的第一桶金。

但是，当各行业进入了发展完善、巨头林立的时代，想凭借单枪匹马闯天下，不对团队进行人员管理，就完成商业版图的构建，这已是遥不可及的梦想。也许你羡慕的那些成功人士，最初也是一名"光杆老板"，但发展到今天，他们早就学会了团队化作战，而且管理的人员数量越来越多。

雷军、董明珠，事业最开始起步时，都只需要管好自己身边的几个人。但今天，小米集团全国员工超过2万人，格力集团全国员工超过7万人。

今天，即便是一家不起眼的会计代理工作室，也是包括会计师、客服、财务等不少于五个人的团队。不需要管人的企业，在当下商业环境中几乎不可能再出现。

即便出现类似机会，一个人能胜任所有工作，也需要进行管理。这就是"自我管理"——如何分配休息与工作的时间，如何分配技术研发和开拓市场的时间，如何保证在做好客服的同时还要做好信息流的管理，如何保证在经营企业的同时还要不断接受培训提升自身能力……

正因为一个人无法胜任所有工作，所以企业需要团队、需要人员。经营一家企业，业务开展、薪酬制定、客户服务、税务处理、技术开发、采购与渠道商对接……这些都需要通过每个人的工作来实现。

所以，在一些企业领导者表示经营很难时，我往往会问他们："对于人员管理问题，你每天会付出多少时间？"如果得到的回答是："这些工作有其他人来做，我主要负责企业的大战略方向。"我会表示："你给自己的定位已经出现了严重的偏差。"

企业战略重要吗？当然重要。但是企业战略是如何实现的？依靠的是每一个员工、每一个部门的齐心协力和不断纠错，才能按照既定的方向前行。忽视员工管理，只沉浸于自己的"星辰大海"之中，就像一名只看地图的船长，不关注舵手朝哪个方向打舵，不在乎水手是否根据风向调整船帆，那么我们的航船只能越来越偏离航道，最终迷失在风浪之中。

对于企业领导者来说，做好人的管理是关系企业生死存亡的大事。

2. 管人，要先管理想和梦想

管理是通过实施计划、组织、领导、协调、控制等职能来协调他人的活动，使别人同自己一起实现既定目标的活动过程。

管理的核心是管人，而管人的重点是先管精神，再管行为。

这个道理很浅显，但是却有很多人做不好。他们可能理解管人很重要，但却不清楚管人究竟先要管什么。

我一天24小时都在公司，盯着员工看他们到底是不是全力投入，可是企业发展依然没有任何改善！

我制定了一大堆制度，企业管理条例多达几百条，可是员工还是不断犯错，我天天就是在这些事情上疲于奔命！

我天天和一线员工在一起，可是我感觉他们根本不理解我，总是想偷懒，想多拿钱。我管他们，比管理我家孩子都要痛苦！

……

以上这些抱怨，我听过无数老板痛苦地诉说。他们一再强调，理解管理的核心就是管理人，自己也是按照这样的思路去做的。

但事实上，盯着员工做事、给员工制定各种制度，这都不是真正的管人，而是在管人的行为。

管理行为，会让管理过程变得很热闹。例如，搞各种培训、团建活动，设立各种评比、竞争机制，推行各种企业内部的文化创建活动等。从员工到领导，在其中忙得不亦乐乎。但只要活动结束，大家往往会还原到松懈状态。

上述现象的原因，在于你只看到如何去管员工的行为，而没有想到如何管员工的精神世界。

小到家庭，大到国家，都需要强大的精神力量。有了精神力量，弱能变成强，愚笨能变成聪明，稚嫩能变成老练。正因如此，管理才是从实践到精神再到实践的过程，而不是所谓强制、压迫、怀疑、表演。这正如同和睦的家庭，绝不是一家之长凭借自身的强势对家人发号施令而产生，必然来自共同的理想、梦想和情感。

工作中，企业领导者如何组织一支高效的团队，引导员工认同集体的目标？如何让员工在工作过程中，正确地实现自己的人生追求，同时愿意主动遵守而非被动接受规章制度？这些，都是管理工作的真正核心。如果只从便于领导的角度去将管理简单化，将员工当作工具人，强行要求他们在行动上一致，而忽视精神管理，这样的领导者，就永远不可能做好管理，只能陷入"员工不听话，管理员工很痛苦"的抱怨之中。

管理是发力于精神层面的艺术，是吸引员工认同的哲学，是改变员工追求的思维，而不是简单的推行动作、强化行为、执行规定。真正的管理，最终确实会落实在实际层面上，但它的前提是精神上的主动，是员工发自内心的想法。

例如，对理想的管理层面，企业领导者要帮助员工明确，自己有什么样的理想，企业的理想是什么，为什么制定这样的企业理想，领导者自身是否拥有这样的理想。

很多领导者推崇华为的企业文化，但这不只是他们的员工素质高、行为好，而是建立在任正非自身理想的示范层面之上。创业初期，任正非为了理想，能放下身段，与员工在办公室同吃同住。创业中期，他依然不达目的誓不罢休，没有丢掉理想追求，去过那种天天打高尔夫的总裁生活。这种为民族企业而奋斗的理想主义精神，感染了整个企业，让许多员工也有了同样的理想，形成了独特的华为文化体系。

还有的领导，希望做好激励管理，于是在内部动员会上，或在员工年会上许愿奖励："这个项目成功结束后，每个参与的员工都将获得5000元的奖励！"即便最终兑现了，但请问，金钱就应该是员工的梦想吗？答案是否定的。金钱奖励，无论名称多好听，但本质上只是现实交易。激励和引导员工离不开交易，但如果只有交易，却不培养员工对未来的渴望、对价值的追求，他们就不会有理想、有梦想。久而久之，团队士气涣散，员工将只会看到眼前的好处，那些更有追求、更有抱负的人才在这里感受不到未来的更多可能，只能果断选择跳槽，到更优秀的舞台上展现光芒。

好企业不仅重视理想管理，更重视梦想的管理。餐饮界巨头西贝，将其内部培训机构命名为"西贝梦想大学"，打造梦想驱动型团队，就是出于此种战略考虑。相比之下，那些忽视梦想管理、不做理想管理的企业领导，简直不胜枚举。他们觉得精神层面的东西太虚无缥缈，反而在行为细节上加以重视，结果无一例外，暴露出对"管人需要管精神"的认知不足。

要想做好企业管理，就要做好人员管理。企业领导者所制定的各种制度应当是符合人员特质，符合企业发展客观规律，适应员工追求、能力与目标的，尤其要能触及乃至深入员工精神层面。认识到这一点，才能真正认识管理、重塑管理，让管理落地。如果依然只停留在盯着员工工作行为、防着员工跳槽、抱怨员工不努力的阶段，那么永远都不会成为企业最需要的掌舵者。

02
传统中国式管理有什么秘密

在全球经济一体化的浪潮下，越来越多的中国企业走出去，参与到海外市场布局中。这一变化，导致新的问题出现在管理者面前。不少三度的资深学员，都曾感到困惑。根植于传统的中国式管理方式，是不是已经行不通了？是不是只能全面采取西方管理模式，才能更好地适应时代发展需要？

这个问题相对复杂。当代中国企业，是否需要在传统和科学管理基础上，形成自己的独立特色，而未来又如何对这种管理文化加以发扬光大，值得我们探讨并作出解答。

1. 管理，是否分国籍

管理，是否分国籍？

实际上，所谓不同国籍的管理，并非首先表现为管理方式的不同，而是思维方式上的不同。我们先从思维上对中外管理形成逻辑判断，再做应用层面的探讨。

我曾遇到过不少企业家、企业管理培训师，都表达过这样的观点："管理不分国界，不需要按照文化区分，是一门社会科学。"换而言之，只要在其他地方获得成功的管理思路、管理方式、管理技巧，只要稍加调整，即可拿来使用，不必过于拘泥于区域文化特点。

如果认同这个观点，那么我们对下列企业的模式差异，又如何理解？

谷歌推崇自由文化，每周都会要求员工抽出一定时间"开小差"，天马行空地去想创意，即便看起来毫无逻辑也无妨，领导不会对此横加指责，反而还会一起加入讨论。

与之相对，丰田集团则运用了享誉全球的"精益化管理"，它的诞生源自于中国的儒家文化，提出了"以客户价值拉动生产系统之道"。在这种模式下，丰田推崇的不是西方式的"个人英雄"，而是团队的赞扬和认同，以及来自家庭及邻里的评价。在这种管理思维中，有一个现象非常值得关注：如果企业出现问题，解决问题的主要力量应当是每一个员工，而不是像美国管理体系一样，主要依赖管理人员或技术专家。

谷歌与丰田，采用的是两种截然不同的管理思路模式，而它们背后，还有更多的企业。

如苹果、亚马逊、特斯拉、通用等，无一例外都是建立在美式文化、美式思维的企业。更自我，更崇尚自由，这是美国、美国人、美国文化的根基，所以这些企业自然带有这样的特质。

而丰田、本田、松下、三星等受东方文化影响较大，多数企业都带有浓郁的儒家文化特点，内部管理呈现"集体化"特点，尤其注重秩序、规则和尊重意识。

伴随着经济全球化，两类截然不同的管理思路如今也呈现融合之势，但究其本质，管理依然带有很强烈的"国籍属性"。这种国籍，并非严格意义上的国家，而是每一个地区在成百上千年的发展中，所呈现的文化类型。就像日本、韩国，在他们快速崛起的时代，许多学者对其模式进行研究，发现他们的企业管理模式与西方企业管理模式存在明显差异。由此基础上，诞生了"企业文化基因理论"。

认清企业文化有基因层面的不同，我们才能更好地理解传统中国式管理的奥秘，引入西方管理的精髓，并对二者实现有机结合。

2. 传统中国式管理的价值

在对管理的"国籍属性"了解的基础上，可以进一步分析传统中国式管理的价值。

日、韩企业的管理模式，源自传统中国文化，并加以本土化的改造。传统中国文化中，儒家思想是核心，也包括法家、墨家的思想，它们共同构成了传统中国式管理的基础理念。

"以人为本"是中国传统文化中最重要的价值表达，也是中国式管理的内核。中国式管理以"安人"为最终目的，因而更具有包容性。这种包容，表现为"同中有异、异中有同"的人事管理目的。其管理思维，主张从个人的修身做起，然后才有资格来从事管理。所谓事业，只是修身、齐家、治国（治理企业）的必经过程。因此，在传统中国式管理思维下，想治理好中国企业，就要理解中国文化的精髓，知行合一地对自我进行修炼、提升。当我们的意识、团队的意识都在不断提升，企业盈利自然不请自来。

在思维体系上，东方管理与西方管理呈现出显著不同的价值。西方管理模式以结果论为价值导向，为实现盈利而不断增加、调整管理技巧。中国式管理则以过程论为导向，不断提升个人、团队、部门的整体意识和行为，企业的盈利（不仅包括具体的收入，还有抽象的人才积累、员工能力提升、企业架构完善）在这个过程中不断增加。

正是因为这种区别，造成了中国式管理更关注"人"，西方式管理更关注"制度"。围绕"以人为本"做管理价值文章，是中国管理成功的关键。管理是修己安人的历程，提升自己的修为，给员工带来统一的思想、不断进取的目标、合理的成长环境、可以实现的梦想，中国式管理也应围绕这些内容展开。

《论语》云："导之以政，齐之以刑，民免而无耻。导之以德，齐之以礼，有耻且格。"将这段话引入企业管理，就是靠制度与流程去管理，以赏罚来约束，员工虽不敢触犯，但会不以触犯为耻。靠企业核心价值观去引导，以职业精神来约束，结合实践整章建制，员工不仅遵规守纪，而且会以此为荣。

《大学》曰："致知在格物，物格而后知至，知至而后意诚，意诚而后心正，心正而后身修，身修而后家齐，家齐而后国治，国治而后天下平。"在企业管理中，我们可以这样理解：真理来源于实践，只有勇于实践才会升华出理性认识。这样才会聚精会神、专心致志，才会端正思想和认识，才会完善和超越自己，才会由小到大地管理好企业或组织。从本质上讲，管理就是实践。从方法上讲，管理是一门通过管理自己而影响他人的艺术。

璀璨的中华文化体系内，类似的观点还有很多，它们都是我们进行企业管理的原则与依据。不要想当然地认为传统文化已经落伍，必将被淘汰。不可否认，每种思想都有其局限性，但我们不能因为局限性就全盘否定，而是应当吸取其中的优秀成分，继承、发扬并创新，在企业管理实际应用中灵活应用，这样中国式管理必然会产生新的火花。

3. 中西式管理融合，更需关注员工三观培养

"橘生淮南则为橘，生于淮北为枳。"三千年前《晏子春秋·内篇杂下》的这句话，为管理者的疑惑作出了解答。

西方管理模式，是经西方国家的企业探索出的行之有效的方式，中国企业当然需要积极学习。但学习并不意味着全方位否定自我，否则，这种管理模式就会成为"北枳"，不仅无法适应中国国情，甚至还会产生严重的排斥反应。如果不根据本国国情、不了解社会特色、不站在民族文化基础上，进行行之有效的改良，无论引入多少新鲜的管理模式，对于企业的发展也难以产生推动效果。

在中西方管理融合过程中，对员工三观的塑造最为重要。

从目前来看，中国企业员工主体已是"95后"乃至"00后"人群。他们有独特的成长环境特点。这种环境特点，是西方传统管理体系也未曾接触到的，同样缺乏行之有效的指导。我国企业领导者，从这种独特的环境因素出发，必须注重对员工三观的管理。

河北某知名药厂为了引入更加先进的管理模式，从国外聘请了职业经理人，这是一位在美国、加拿大有着丰富管理经验的高级人才，该企业希望能够通过他

第一章 先人后事：企业管理就是老板自我管理

建立新的管理体系。然而，这名经理人进入公司后，并没有深入了解企业文化与当地习惯，更不懂得企业内广大员工的心理特点。他只是将西方的管理模式生搬硬套，将管理西方员工的方法移植到这里。

例如，他追求即所谓"开放式办公"，市场方针没有确定，工作时间却变得非常凌乱。一开始，员工找不到他；后来，员工干脆不找他。理由是，"他不适合当我领导"，由此导致企业内部问题频发。

由于对多数员工的三观特点缺乏了解，他无力再进行管理，最终不得不选择辞职。

不仅中国企业，近年来不断退出中国市场的跨国企业，很大原因在于没有理解我国员工的三观特点，刻板地将西方管理模式套用在中国企业，导致"水土不服"。

什么是三观？三观就是世界观、人生观、价值观。企业领导者必须用社会主义核心价值观教育和引导企业员工，帮助他们树立正确的世界观、人生观和价值观。对"90后"员工的一些行为特点，领导者不能简单地用"好"或"不好"来判断，而是应该进行客观的评价。

"90后"群体出生时，其平均家庭经济背景与过去相比，已有了相当程度的提高。他们绝大多数人，都有温饱保障，更多人还都出身于殷实之家，不像"60后""70后"群体那样，吃过生活的苦。同时，他们绝大多数人都是独生子女，从小处于家庭的核心地位，是被充分宠爱和关注的一代。他们受到的学校教育，又更为公平、开放和创新，更为强调全面竞争。

这些原因，让"90后"群体在内心更具安全感，更加自信，也更喜欢直接、真诚、坦率地交流。他们对世界、社会、职场、人际关系等因素的理解，与传统管理的对象是不同的。在他们眼中，没有那么多上下级之间的差异，更不存在"企业养我"的概念，反而觉得是自己养活了企业领导者。他们也不希望自己的工作是为了糊口，反而从职业起点开始，就定位在成长、发展、创业等未来长远目标上。因此,"90后"群体不会委屈自己而为领导者眼中的重要目标拼搏、吃苦,为了那点工资不值得这样。但反过来,如果他们在工作中获得了精神激励,有了情感收获,他们就会将领导者的目标,看成自己的目标,将自愿积极地努力创新,甚至不考虑眼前工资收入的多少。

"90后"员工的特点,既有利于企业管理的因素,也有不利于企业管理的因素。这些独特的中国年轻人,构成企业的管理现实对象,也必将改变中国企业的管理思维和方式。如果无视其特点,照搬照套西方管理模式,将会遭到失败。只有在现实基础上,不断引导和培养他们树立社会主义核心价值观,才能发挥其优势,避免其劣势。

对中国企业而言,从实践和思维两个层面去理解员工特点,才能做好中外管理模式的结合。实践中,西方管理模式重技巧,能够帮助我们用合理的方法论进行企业管理。传统中国式管理重思维,让企业建立一套完善的思辨体系和哲学理念,即"知行合一"中的"知"。思维与技巧相互统一,这样才能打造一只无敌的企业航母。

03
什么才是真正的管人：管自己与管别人

管理的核心，在于"人"。

然而，多数企业领导者往往会陷入这样一种误区：管人，就意味着"管别人"。

作为企业领导者，当然需要管别人，这是他的重要工作。但我们还应意识到，企业内的人，同样包括自己。真正的管人，是先管好自己，再去管别人。优秀的企业管理，起源于领导者的杰出自我管理。一个连自己都管理不好的领导者，是无论如何管理不好团队的。

试想，企业领导者如果自己总是无精打采、灰头土脸，他是否值得拥有一个神采奕奕的员工团队？企业领导者如果自己总是迟到早退、投机取巧，他是否配得上一个能力出众、态度端正的员工团队？当然不！企业领导者自己都做不到的事，就没有资格去要求员工也认真做到。

然而，自我管理是管理工作中最容易被忽视的，尤其应该引起领导者的关注。孔子有云："吾日三省吾身。"企业内身居越高，对自己的管理就应该越严格。

卫哲，曾任百安居中国区总裁、阿里巴巴集团执行副总裁、卓尔集团薪酬委员会主席。他对如何带队伍进行过两个角度的诠释。

首先，要以身作则。领导者必须成为员工的镜子，如果一件事情自己无法做到，就不应也无须要求员工去做到。

其次，要身先士卒。卫哲说，很多文章讲"战术上的勤奋掩盖不了战略的失误"。但实际上，战略的正确更离不开战术上的勤奋。领导者不仅是整个企业的战略制定者，也是战术带头人。卫哲所认识的企业家，都是战术勤奋者。

战术勤奋，意味着领导者不仅要懂得在办公桌和电脑后设定战略方案，为员工划定前进路径，更要懂得亲自走到这条路上，与员工一起越过障碍、克服困难。只有员工看到这些具体的战术行动，他们才会相信，领导者和自己正在同行，正在进步。

做到以身作则、身先士卒，领导者的三观才是正确的。这样的领导者，才有资格去管理别人。换而言之，只有"搞定"自己，才能"搞定"别人。一个"搞定"不了自己的人，也就"搞定"不了团队。

领导者应从以下角度，看待自我管理的重要性。

1. 为什么要学会管理自己

管理自己即"修身"，不仅是传统文化的重要内容，也是现代管理学中的基础心跳。美国著名企业家杰克·韦尔奇就说过："一个连自己都管理不好的人，是无法胜任任何职位的。"

作为领导者，作为企业高层，不会管理自己，就没有管理下属的能力。空有权力，却毫无信服力。

一个很简单的例子可以说明问题。

某企业制定了每周五9点晨会的规定，中层以上领导必须参与。而董事长本人，却总是参与一次、消失三次，且消失的原因并非出差、客户会面等临时情况，而是因为自己要去高尔夫球场应酬，或是参与其他的社交沙龙。

不过半年，周五晨会制度便形同虚设。因为没了董事长坐镇，大家不知道为什么开会，问题也不知道找谁汇报，晨会变成了走过场。

由于领导缺乏自我管理的意识和能力，所有人在晨会上毫无生气，晨会也就变得缺乏必要了。如果继续发展下去，这样的晨会将进一步削弱士气，产生严重的负面问题。

类似这样的企业领导者，在我的培训经历中见过不下数十位。他们没有发现是自己出了问题，反而一再将企业经营不佳、晨会效果不好的原因归咎为"员工没有进取心"。

火车跑得快，全凭车头带。这是很浅显的道理。老板不自律，那么在员工的眼中，就不是个值得学习的领导者。因此，他们对待工作自然变成得过且过。更严重的是，类似领导者，不论在外面参加多少培训和学习，掌握了多少先进的"管理工具"，等他们回到企业，员工除了抱怨"老板又要整人了""是啊，又被人洗脑了"外，不会表现出任何新的反省与配合态度。

从个人角度看，企业领导者的不自律，最终还会给企业的客户带来影响。客户会认为，领导者缺乏自律能力，不是值得合作的人。而从员工角度看，当他们与这样的客户对接时，对方自然也不会对员工抱有多少好感，因为领导者已经让客户产生了先入为主的情绪。

领导者必须了解，很多时候，企业员工之所以选择一家企业作为职业平台，不是因为想要"被管"，而是因为在这家企业的领导团队身上，能发现值得自己学习的地方，以及让他们觉得安全的特性。他们会在随后的工作中，有意无意地观察和评价领导者，以验证自己的判断是否正确。

因此，如果领导者懂得尊重员工，那么员工也会像同样尊重你；如果领导者严谨对待工作，员工也会形成同样的工作习惯。你怎样管理，员工就会以同样的方式对待自己……简而言之，员工的问题，都能反射出管理者自身的问题。

因此，领导者一定要注意自己的一言一行，你做的每件事、说的每句话，都会潜能默化地影响员工的言行举止、行为方式。

这就是为什么那么多优秀的年轻人愿意走进华为，因为最早一批员工将任正非的口碑在行业内传播。他一身正气、素质极高，是值得托付的带头人。任正非成了华为最大的名片，优秀的人才愿意主动向他靠拢，这是华为真正崛起的核心。但是，任正非也并不是生来就如此优秀。在接受采访时，他说过这样的故事。

华为创业初期，任正非几乎是白手起家。面对种种困难艰险，他感到压力巨大。有好几次，他觉得自己都要走不下去，甚至了无生趣。

可想而知，如果任正非不会管理自己的情绪，不会管控职业方向，就不会有今天的华为，很可能当时他就会泯然众人。

就在这关键时间段，一个很偶然的机会，任正非走进了西贝的餐厅。

那是 2006 年，西贝还算不上餐饮的顶尖品牌，但企业文化的特色已初步形成。在这里，任正非发现，从店长到店员，都有喜悦的笑脸。看着这些笑脸，很多顾客都变得开心起来。任正非请了店里歌舞队的几位姑娘唱歌，歌声和欢笑打动了他。几个姑娘兴奋、乐观、热爱工作和生活的态度，感染了任正非，他泪洒当场，从此没有想过要放弃。

很多人说，是西贝的企业文化改变了华为。但从任正非的角度看，如果他不懂得自我学习和调整，不擅长自我管理，他又如何将这些积极能量，引入到华为中？

实际上，如果华为的领导不是任正非，不懂得自我约束后再去尊重引领员工，那么华为无论开创多少"战狼"文化，也不可能留住人才。

在中外商业历史上，许多优秀公司也同样如此。苹果快速崛起之时，乔布斯的人格魅力是关键因素。尽管乔布斯并非完美，但在对待工作、对待产品精益求精的态度上，他非常认真和投入，是绝对的自我管理高手。员工很自然地认为，这样的老板一定有强大的内心力量，跟着他学习、奋斗，自己也会变得更优秀、更成功！

作为企业领导者，不要将企业看成自己的领地，觉得这里唯我独尊，能无所顾忌、放飞自我。实际上，领导也只是企业内的岗位，同样是集体成员，他们的一言一行、一举一动，也应受到企业文化和纪律的约束，并对员工具有更大的教育性、示范性和影响力，发挥着潜移默化的作用。

更高阶段的"管自己"，是指领导在遵守企业基本规章基础上，不断提升自己的影响力，带动员工的进步。

领导技能的缺失，是很多业务骨干被提升为管理者，或是优秀人才创业成为领导者后最大的障碍。这个阶段中，具体的业务技能也许很难快速提升，但更重要的是领导技能，如果无法在该领域取得突破，将很难坐稳企业的顶层位置，企业业绩就会很快呈现下滑的趋势。尤其对董事长、高级总监、事业部总经理等职位而言，更需实现从管理人员到管理部门的跨越，这些高层管理者，应更多关注商业、业务、财务等问题，培养制定长期战略和领导推动的能力。

陈先生是某科技企业的核心技术人员，连续攻克多个难题，公司为此成立了专门的新部门，提拔其为部门总监，负责全局。一开始，这个部门不过3个人，陈先生依靠经验即可应对。但是，随着部门人员增加到30个人的时候，他已经无法轻松应对。但他并不认为是自己的能力不足，反而认为有下属故意要看自己难堪，于是每天工作就是部门"批斗会""揭发会"，工作根本无法展开。最终结果可想而知。部门被取消，他又回到了过去的岗位上。

领导者应随时关注自己在企业的什么位置，需要掌握哪些新的知识、技能。随着领导者地位的提升、公司规模的扩大、业务线的扩张，其要求也不断水涨船高。管自己，不只是要求自己遵守公司纪律，率先示范，这些只是最基础的自我管理。领导者如果不懂得及时学习新的内容，也就无法实现真正的会"管自己"。

2. 领导者的状态就是企业的状态

一个领导者，首先要管理好个人的状态，其次才能管理好身边人的状态。观察领导者是否优秀，是否能在未来提升企业，核心不在于他的学历、背景、行业，而在于别人眼中，他有怎样的状态。

领导者管员工，看似天经地义，但却绝非易事。

我遇到过很多老板，往往都爱这样与我抱怨："我已经做得滴水不漏了。每天都会早早来到办公室，最后一个离开办公室，可是下面的人不理解我的良苦用心，什么事情都做不好。我感觉招聘的这批员工，简直根本管不了！"

来到三度学习的很多企业领导者，都会对此产生共鸣。那么，为什么领导者看似鞠躬尽瘁，却依然做不好管理呢？

最关键的一点，是他们没有从自身做起，去正确理解和运用管理的方法、经验。这样，当员工感到无助时，从领导者处却得不到应有的激活力量，也就会变得越来越懈怠、低沉、放弃和逃避。

当然，员工状态低迷，找不到前进理由，也有其个人原因。

"95后"的年轻人，由于性格、教育、年龄、环境等因素，整体上变得更加脆弱，不擅长独自抗压。不少员工即便面临困境，感到无力，也还是不好意思向周围人透露，更不会主动向领导者表态求助。与此同时，领导对员工的感受视若无睹，甚至也忽视了自己的状态。这样，当员工在达到无助的低谷，想要在领导者身上找"充电"机会时，想要观察领导者的工作情况来给自己树立希望时，却发现这些都是空洞的奢望。领导者自己的状态也并不算出色，员工就会感觉自己更没有信心。

领导者的差状态，成为员工信心的最后杀手。如果企业出现大量这样的员工，怎么可能会有好的经营状态和结果呢？

领导者必须记住，懈怠员工，并非天性如此。绝大多数人加入企业，都会抱有一颗积极向上的心，他们期待能做出贡献，能分享收益。但当他们遇到困难后继乏力，又无法从领导者的状态中汲取力量，他们才会懈怠、低沉，最终逃避、放弃和离开。

现实中，很多领导者发现员工状态不对，只会采取生硬的管理方法，或者处罚，或者让其走人。但当员工流失后，领导面临新的招聘、培训任务，又感到同样麻烦，导致企业陷入恶性循环。

领导者不应责怪员工不会自主"充电"，更不能指望他们自己"野蛮"成长。相反，领导者需要将整个公司看成一个车队，随时观察、分析、判断，发现其中哪些"车辆"缺乏动力，随后用自己的积极状态，有针对性地为这些员工补充动能。这正是领导者自我状态管理的价值底蕴。

3. 学会管自己，再去管别人

管自己，是管别人的经验来源。当我们真正懂得管自己，且在工作中将其落实，接下来才能更好地去管别人。

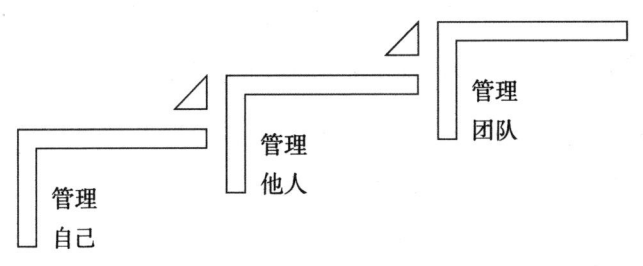

图 1-2　管理自己才能管好他人

学会高效领导，必须以己度人。从对自身的了解出发，学会角色代入，理解管理的对象。一言以蔽之，应该将员工看成"道友"，而不是"资源"。

什么是"道友"？答案是志同道合的朋友。领导者不妨扪心自问，当初为什么要创业？为什么在艰苦的创业初期，大家能有那么高的积极性？其实，那时的志向和新入职的员工有很大的相似点。个人要找出路，家庭要还房贷，孩子要有好的教育环境，父母要有好的养老环境……这些现实压力，促成了领导者当初的努力，也同样是员工入职的初心。

如果领导者能从这点出发，就能和员工找到更多共鸣，而不是冷冰冰地将员工变成"管理对象",把自己放上"我养你们"的位置。

从理论层面来分析,管人是领导者基于对员工工作内容、性质特点的理解,找到合理、科学的方法和手段,对企业的人力、物力、财力等各个方面进行合理的分配,以便使得各资源相互配合完成一个企业的既定的目标。这个既定目标,就是企业的愿景、利润和发展。

"用科学的方法进行资源分配",是管理的核心重点,而"理解"才是前提。领导者同样要明白"理解万岁"的可贵。对于面向员工的管理,不能总是停留在"盯着员工、要求员工、训斥员工"的层次上。在这种层次上,领导者变成了理所当然"高高在上"的主体,而员工成了被动的客体,其管理效率的低下是必然的。

领导者应该扪心自问,是否没有熟悉岗位、员工,是否无法代入产生共鸣,就盲目进行所谓管理?如果确实如此,问题就出在缺乏自身管理上。如果领导者未把员工当成"道友"去看待,也就很难结合个人的成功经验,去正确理解员工、影响员工。

再去想这几个问题:

如何将资源合理分配给每一名员工?

是否知道他们需要哪些资源?

员工是否理解你的目标?

员工是否有能力做到你想要的?

如果员工的能力还不足,有什么办法进行资源调配、解决问题?

……

如果这些问题你都无法做出准确的回答,那么很遗憾,你当然做不好管人的事情,你根本不懂得管理的真谛。因为你没有真正尝试和体验过员工的角色,也没有对自我管理进行对应观察总结。这样的你，显然缺乏管理经验，也不懂管理的突破口。

用电影《一出好戏》来分析，什么才是真正的管理。

一个公司的人去旅行，但忽然遭到大风暴，不得不临时靠岸。最终，全公司的人都被困在了一个荒无人烟的小岛上。一开始大家都很慌张，感觉世界末日要来了，没了主意。

就在这个时候，一个人站了出来，他冷静地分析情况，带着大家找路，爬到树上摘果子作为果腹之物。看到他具有这样的能力，大家推举他为领头人，解决大家生存的问题。因为他懂得利益的分配，懂得怎么把这座岛上的所有的资源合理地进行分配，尽管在这期间他也流露出其钻营算计的本性，但是在他的带领下，本来混乱的一群人，变得井然有序起来。

尽管最终，这个人因为各种各样的原因又被推翻，但是不可否认的是：这个阶段的他，做好了管理的工作，让所有人突破了最初的焦虑、慌张，保证了全公司的人在岛上的正常生活。

这就是管人。试想，如果我们与全公司的人流落在荒岛之上，我们可以做到如此吗？荒岛其实就是我们的公司。如果你想要带着大家适应、建设和拓宽一个荒岛，那么你自己就要有在荒岛上探索过的经历，起码要有类似的经验。不要总是认为自己很忙碌就是做好了管理，如果不通过事先自我管理、适应和积累，归纳资源分配的关键奥义，也就无法获得员工的信任，只能陷入"管人难"中而无法自拔。

真正的管人，不是让别人"听从"自己的安排，而是要先自我理解和管理，再引导员工"理解"领导者，从而主动投入到工作之中。

真正的管人，不是领导者的颐指气使、员工的忍气吞声，而是管理者通过科学管理自我，确保资源调配和心态分享始终是正确的。这样，员工将产生与领导者的共情，表现出更高效率。

真正的管理，必须有一套完整、系统、科学的自我管理基础支撑，在自我管理实践之上，优秀的领导者才能将自己可支配的资源进行合理分配，激发员工积极态度，用最小的成本，赢得最大的利润。

所以，不要抱怨员工不听话，而是要反思自己是否建立了自我管理的思维，是否懂得自我管理的技巧。当我们对管理有了清晰的认识和执行，再去寻找方法，就能真正做好管自己、管别人！

04
为什么说"先人后事，人在事前"

先人后事，人在事前，是管理的不二法则。我们经常说，企业的"企"，上面是"人"，下面是"止"。如果企业没有"人"，就会"止"步不前。如果领导者发现企业停步不前，很大可能是其中的人出现了问题。

为何我们得出"先人后事，人在事前"的结论？

1. 先人后事的三个原因

"先人后事"，是企业管理基本法则，主要取决于以下三方面原因。

（1）企业的本质是人。首先，所有的企业，都是"人"发起、组成而不断进步的。不少领导者习惯性地对员工说："企业接受了你们、培养了你们……"但换言之，难道不是员工组成了企业？

实际上，企业好坏的本质在于人。大多数企业领导者错误地认为，资产负债表上的那些内容，是他们最有价值的财富。事实上，人才是带来这些财富的基础。许多领导者经常夸耀的是本企业品牌、产品、股份、荣誉等，却很少提及公司员工。资本、产品、财务报表是企业成长的必需品，但人才是企业的本身。

仔细观察一些优秀企业就会发现，这些企业的员工足够优秀，才让企业变得优秀。卓越的企业，必然来自卓越的人才。我们经常看到某些企业家雄心勃勃地去并购其他企业，结果却招来一连串失败。其中很大原因，并不在资本运作、制度设计、合作方式，而在两家企业人员水准差别，即人本身的差别，使得两者无法兼容。

企业是由人组成的。如果没有合适的人参与，企业正常运作的能力将会大打折扣。精明的领导者会重视那些能力突出的管理人员，但在对其他人的重视程度上，还显得不够。

为此，领导者应换一个角度看人的问题。在企业中，领导者需要对员工进行区分激励，但不能分成三六九等来看待。如果你觉得有些人对企业重要，有些人不重要，企业就不可能长期全面地发展。那些被你看成不重要的员工，自然也没有理由将企业看得更重要。因为即便企业盈利更多、收益更大，他们都是"二等员工"，都分享不到这种变化带来的好处。

领导者必须将企业看成每个员工的组合体，将每个员工看成企业的分支，这样，才能有效开启先人后事的法则。

（2）企业的核心是人性。无论是管理员工，还是服务客户，都离不开对"人性"的认知、解读和彰显。

过去的企业管理理论，将情感和理智、个体和集体、利益和权益等，放在截然对立的两面，追求短期利益最大化。为此，领导者还将人员和资源、管理和控制、压力和管束等概念混为一谈。但经过十几年的变化，我们发现，持续采用这种管理方式，无法保证利润持久最大化，甚至无法控制企业的平稳发展；相反，它会让你的员工变得越来越沮丧无助。由于员工没有得到人性化的尊重，想要让他们的工作和服务能满足客户人性需要，也就变得异想天开。

管理应该是利用而非封锁人性，要激励人性而非压制人性。当员工的人性被尊重，他们的积极性就会被充分开发，客户得到的服务就会更好，企业的利润增长也就不在话下。

研究发现，员工精神的力量是非常巨大的。过去被企业称为"软件"的建设内容，诸如价值观、文化、思维和行动，实际上都是强化员工人性价值的力量能源。正是在对员工人性的发扬过程中，领导者才能找到帮助他们从平庸到优秀的阶梯，将他们带上正确的道路。这样，员工就会从无知和恐惧，转为关注共同利益。

当领导者更重视发扬人性时，员工工作关注的优先顺序，也会发生颠倒，更重要的事会被他们排在更前面。而他们也会变得更关注客户的人性，这样整个企业的运营模式都会得到优化。当然，在企业中，领导者还是会做出一些困难的决定，如降低预算、关闭部门、岗位裁员等，但更加重视发扬人性的企业，始终会比其他竞争对手更容易变革，因为员工的参与度更高。

（3）企业存活的目的，是"以人为本"。企业要坚持以人为本，对每一名员工给予相同的尊重。想要让员工心中有企业，企业领导者的心中必须时时刻刻惦记员工。想让员工热爱岗位，岗位的领导者就要热爱员工。

因此，领导者需要不断反思"企"这个字的内涵，牢记"先人后事，人在事前"这8个字。

2. "先人后事，人在事前"的三个原则

所谓"先人后事，人在事前"，我们可以这样理解：让适合企业的人进入企业，让每一个人进入各自最适应的岗位。先做好人员的配置，企业项目再正式启动，这是西方管理学中"先人后事"的原则。

同样的原则，在我国传统文化中也有明确的体现。"舜有臣五人而天下治。""舜有天下，选于众，举皋陶，不仁者远矣。"这也是典型的"先人后事"：找到适合的人，再去做天下的管理。从用人这个观点上，古今中外都是保持一致的。

"先人后事，人在事前"，有三个关键词，是必须牢牢把握的。

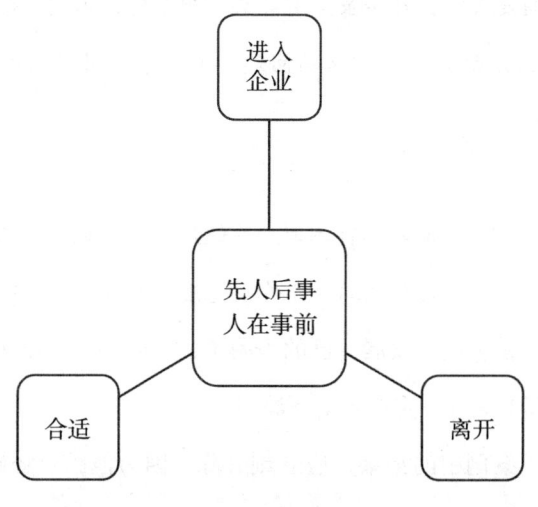

图1-3 "先人后事，人在事前"的三个关键词

（1）"进入企业"。领导最重要的工作就是选人，不论何时何地发现杰出人才，立即聘用他们，即使当时并不知道他们要做什么具体的工作。这一点，多数领导者都可以做到，即发现人才高薪聘用。

（2）"合适"。什么叫作"合适"？就是选择人才注重品德匹配、能力匹配和文化匹配，并且用人所长，有一句话叫作"兼明善恶，舍短取长"。但这一点，恰恰是很多领导者容易忽视的。

某企业领导者在一次行业交流会上意外得知：孙某是某家企业的谈判代表，具有非常强的能力，尤其在砍价压价方面几乎无敌手。领导者恰巧需要这样的人，于是用了一个星期，高薪将孙某挖到自己公司，并直接给予了他采购部总监的职务。

一开始，孙某的确表现得很出色，均以低于市场价格的帮助企业拿下多笔订单，但是不过三个月领导渐渐发现：孙某的采购价非常不稳定，有时候低于市场价，有时候却明显高于市场价。与孙某交谈，他表示这是正常浮动。

领导者有些半信半疑，在一次沙龙聚会上和其他企业领导者聊起心中的疑惑。谁知，多名朋友表示，孙某虽然有能力，但是行为不端，他之前就职的多家公司都发现他与供应商私下拿回扣的问题。上一家公司，已经有了将其开除的想法。

类似的事件，在很多企业都有体现。这就是没有做到"合适"的标准。所谓合适，不仅包括能力，还要包括对待工作的态度、职业道德。能力再高，如果损害企业利益，或是在企业内发展自己的小圈子，久而久之企业文化就会被彻底破坏，良好的氛围荡然无存，企业走上下坡路。

（3）"离开"。案例中的孙某，应立刻开除，因为他已经触碰了公司的底线。而对于只是岗位本身不适合的员工，我们可以给他三次机会，即再让他尝试新的岗位。如果依然无法胜任，那么就需要与其解除劳动合同。

进入、合适、离开，这就是"先人后事，人在事前"的三个原则。这个工作是不断进行中的，优秀的人才逐渐会集，不适合的人全部离开，那么企业就会始终行走在正确的道路上。这就是"先人后事"的概念。

3. 为什么要"先人后事，人在事前"

"先人后事，人在事前"的原则我们已经明白，但有一个问题，为什么我们要成为这样的领导者？我们是否可以让员工执行这个原则，而自己不需要？

其实，企业领导者可以分为两类，一类是"教练型"，一类是"明星型"。前者是"一个教练加一千个明星"模式，后者是"一个天才加一千个助手"模式。

教练型领导者的做事方法是，首先组建一个卓越的团队，然后按照目标不断前进。而明星型领导者则是先确定目标，再设计路线图，最后召集人才按照路线实现愿景。

后者，是典型的"先事后人，事在人前"。这种领导者就像军队里的首长，一言九鼎发出指令，依靠个人的天才判断力实现胜利。尤其在企业初期阶段，多数成功的创业者都是这种风格，先制定战略再寻找员工。其中最典型的人，就是乔布斯。他凭借一个人的判断力、决策力和对美的把控，就创造出了苹果帝国。

但这种模式的弊端非常明显，尤其当企业发展到一定阶段时，如果领导者本人出现偏差，企业或者全军覆没，或者踢走创始人。乔布斯同样也经历了这些。

人人都想做乔布斯这样的明星型老板，但是现实中有多少这种"天才"呢？乔布斯之后，不少人自诩自己为"××布斯"，然而至今没有一个人能够成为"乔布斯第二"。天才的领导者有，但从概率上来说，几乎和我们每一个人无缘。

用历史做案例，我们会更加理解这一点。这个案例，就是刘邦与项羽。

27岁的项羽，凭借着个人的勇猛就已经夺得天下，他是中国历史上绝无仅有的"天才"。就在这时,有人提议:你应该据关中以成霸业。但项羽表示:"富贵不归故乡,如锦衣夜行,谁知之者?"说完,还将这人直接杀掉。结果最终,他输掉了一手好牌,因为他认定"个人英雄主义"才是有效的,手下必须按照自己的计划而不是提意见。所以,最终他败给了刘邦。

反观刘邦,他并不是什么天才。他的这番对话,表明了他是如何做"老板"。当时他问群臣,自己为何能拿下天下?群臣无不吹捧刘邦,但刘邦说:"夫运筹帷幄之中,决胜千里之外,吾不如子房;镇国家,抚百姓,给馈饷,不绝粮道,吾不如萧何;连百万之军,战必胜,功必取,吾不如韩信。此三者,皆人杰也,吾能用之,此吾所以取天下也。项羽只有一范增而不能用,所以失败。"

张良、萧何、韩信的作用无须多言,此外还有更多将领,是他们的努力,奠定了大汉王朝的根基。很显然,刘邦就是"教练型老板",他先解决的问题是人,知人善用,乐于纳谏。在这个基础上,再去制订统一全国的计划。

项羽则是典型的"明星型老板"。不可否认项羽的个人能力,但正是因为个人定位的不同,在项羽眼中"自己是最重要的",最值得信赖的范增也必须依附、听命自己,而不是提出建议。

所以,"先事后人"的领导者少之又少,几乎没有人可以完全胜任。想要让企业稳定发展,领导者就必须建立"先人后事,人在事前"的原则。

纵观近年来市场上那些轰然倒塌的明星企业,无一例外多数都是"先事后人,事在人前"的企业,但我们不妨反观华为,看看任正非是怎么做的。

与绝大多数企业家不同,任正非很少把自己摆在一个很高的位置,反而提出了一个中国企业都没有的顶层设计:每个人的自我超越。即启用了中国史无前例的员工分红持股制度。

在华为,任正非的股份只占 1.4%,其余的 98.6%,都为员工持有。华为每年赚的钱，大部分都作为分红，给了9万多名公司员工，那些级别高的人才，甚至可以拿到人均几百万的分红。

华为的这种模式，反映了任正非本人"先人后事，人在事前"的哲学理念，即领导者要有成就员工的心，要让员工赚到钱、让员工不断成长，帮助员工塑造信仰。所以，华为可以从深圳一个不起眼的小公司，成了享誉全球的知名企业。

想实现"先人后事，人在事前"，对领导者而言，就必须特别关注招聘，不可以图省事，将招聘交给人力资源部门独立进行，而是应当参与招聘、选拔的全过程，提出甄选人员的标准和建议，要保证人力资源部门理解了我们人才选拔的理念。这样，我们才能找到真正需要的人才，并逐渐打造出一支企业的铁军。

当领导者有了"先人后事，人在事前"的思维，再进行企业管理时，就会有了不一样的想法。子曰："为政以德，譬如北辰，居其所，而众星共之。"企业同样如此，做好"先人后事，人在事前"，那么你就是企业的卓越领导人。

05
企业管理，思维比能力更重要

在三度培训课中，我见过不下数千名的企业老板与高层。接触的人越多，我越发现一个现象：重技巧比重思维的人数量要高出许多。

这样的现象，相信很多企业领导者都不会陌生：周末参加了一场管理培训会，一个很小的技巧让自己忽然兴奋度飙升，认定找到了破解企业管理的密码。于是，第二天来到办公室，立刻将这个技巧安排下去执行。一开始，这个小技巧的确起到了作用，但不过一个星期，它的影响力就开始逐渐走小，到最后甚至产生了负面能量。

企业领导者可能很疑惑，为什么其他企业使用这个技巧就可以成功，自己尝试却以失败告终？

原因在于，你很可能只看到了管理技巧，却忽视了技巧基础的整体逻辑，即整体思维。一个技巧能成功，与整体环境、当时的场景、员工的理解程度以及其他技巧的综合使用息息相关。

管理技巧是关键，但前提在于对于企业管理的环境有全面认知，要有一套完善的思维模型，这样才能保证能力在正确的地方发挥。我们在不断掌握技巧的同时，必须同步提升自身的思维，这才是真正的企业管理。

这一点，也是领导者自我管理的重要课程。正如军队的统帅，他当然要具备战场随机应变的战术，但更需要的是宏观层面的战略布局。领导者做管理，首先要提升思维层面的大局观，然后再去完善技巧层面的能力技巧。

很多企业领导者的确非常投入和认真，整天忙个不停，但依然做不好管理。由于缺乏战略思维，他们只想投机取巧地使用各种小技巧，结果得到的回报与付出完全不成正比。领导者如果整天忙着做这些琐碎小事，没有思考筹划的时间，就会失去战略的意义。

比尔·盖茨说过："一个领导者如果整天很忙，就证明一件事，能力不足。一个领袖如果整天很忙，就一个结果：毁灭。"所以，领导者的忙，要忙在点子上，要首先考虑思维层面的事情，对行动加以影响，然后再去做技巧层面的具体操作。

1. 领导者要会"装"

在不少企业，领导者总觉得自己是顶梁柱，看不到员工的积极主动。只要他们坐在办公室，员工就有无穷无尽的请示："老板，麻烦看看这件事""经理，那件事我可以推进吗""领导，那个客户出了点问题"……

面对这些，领导者会感慨，难道离开我公司就完蛋了？其实，原因在于领导者没有呈现出应有的状态，在于领导者没有"装"的思维。

一个优秀的领导者，必须要在员工面前，成为"披上狼皮的羊"。

不要误会，"披上狼皮的羊"，在这里是褒义词。

所谓"羊"，是指领导者也是人，也会有脆弱、迷茫、惶恐、紧张的一面。

所谓"狼"，是指领导者在员工眼中应有的样子，能为他们鼓舞士气的状态。

在工作现场，领导者要有"装"的勇气，也要有"装"的能力。无论领导者私下会面对多少内心压力，但只要走进企业，就必须"披上狼皮"，展现出带领员工不胜无归的斗志、决心和勇气，让员工感到内心有底、行动有力！如果领导者软弱无力、斗志涣散，员工只会变得更加推脱、更加无力。

2. 领导者要会自我反思

近年来，经营企业为什么这么苦、这么难？和客观环境确实有关系。但是，环境并非影响企业的唯一的因素，同样的环境，为什么有的企业仍然在快速发展，有的企业停步不前，更多的企业却消失了？答案，似乎又并非客观环境那么简单。我们将之总结为一句话：如果企业前几年是在凭运气赚钱，这几年就会亏掉；如果领导者前几年志得意满、自视甚高，这几年才会看到自己真正的管理水平。

自我反思，由此成为企业管理体系中最重要的四个字，也是领导者需要建立的顶层管理思维。

为什么企业需要管理？是为了保证企业的合理运转，以此为根基获得更大的利润。管理的对象是谁？是员工，是一个个员工构成了管理的主体，他们决定了企业是否可以合理运转。但在管理他们之前，领导者必须学会自我评价和反思。

过去，一些企业的领导者往往自视清高，认为自己才是企业最重要的人，企业管理完全依赖老板的个人情绪，用人标准是典型的口味型。

到了今天，越来越多的企业领导者发现，这样的模式已经无路可走。尤其对于"90后""00后"，他们个性更强，过去那种粗暴的管理模式不可能走通。稍有不慎，领导还会因为自己的不当言行被员工申请仲裁、起诉到法院。为了管理好他们，必须要积极进行自我反思，让自己成为他们接受、信任、喜欢直到追随的领导者，才能成就自我、成就企业。

新的时代，"自我反思"逐渐展现出它的作用，是领导者必须建立的管理基础思维。

3. 领导者要走出思维陷阱

现在，中国经济已经与全球接轨，建立了规范的体系和原则，各行业都存在着大大小小的旗舰企业。此时，企业想要杀出重围，凭借的不再只是领导者的既有个人能力，而是看谁能更先走出思维陷阱。

人性总是喜欢推脱责任的。当企业领导者面对业绩退步时，他们的第一想法往往并不是在自己身上找原因。此时，员工素质不够、责任心不强、竞争对手不按套路出牌、供应商源头不讲规矩等诸多借口纷至沓来，而这恰恰是领导者陷于思维陷阱的表现。主要表现在以下几个方面。

（1）能力不足。即思考能力不足，领导者不观察新问题，不了解新变化，自以为是内行，结果却被时代和市场的发展所抛弃。

（2）思维局限。领导者满足于既有的管理路径去执行，不愿尝试新的思维方式和解决方案。长此以往，不仅企业整体的竞争力无法提高，连领导者自己都会被死死关在思维的墙里，难以适应外界的变化。

（3）德不配位。古语有云"德不配位，必有灾殃"，意思是领导者自身的德行，要与所处的社会地位、做出的贡献、享受的待遇相匹配，如果违背了这一规律，就会受到"报应"，即受到规律的惩罚。

一段时间以来，中国经济高速发展，不少身为弄潮儿一代的企业家，尤其是年轻创业者，在创造财富同时，其规则意识不强、法律和伦理的底线不清，很容易做出一些难以经受员工和舆论推敲的事情。

例如，有些企业家忙于奢侈和炫富，觉得自己不需要再努力了，只需要享受人生。有些企业家把股东、员工和客户都视若无物，在企业里搞"专制独裁"。还有些企业家忙于多元化，到处并购、投资、发展新业务，不顾及自己的员工团队和组织结构，是否能承担新市场的需求……结果，这些企业家最终都会受到"德不配位"的惩罚。

"德"是领导者思维运行的格局高度。在管理中，思维的格局，永远比能力更重要。提升了思维格局，才能破解管理困局，实现高效管理。

4.领导者要扩大思维格局

作为一个领导者，如何不断提高思维能力，扩大思维格局？

（1）向有成果的人学习。学习别人的成果，可以让我们获得充分的经验，就能避免走弯路，就能更好地提升追赶效率。

（2）将高手请到自己的企业。很多领导者不舍得投入成本，去请真正的高手，反而愿意花费高额年薪，去邀请职业经理人来带团队。事实证明，很多中小企业，并不是适合职业经理人的舞台。

为什么要把职业经理人变成事业合伙人？只有当他们成为利益绑定的合伙人，他们才会愿意伏下身子，真正了解你的企业、你的员工、你的客户，才会感受到企业长远发展和自身利益息息相关。

除了事业合伙人，企业家找到的"高人"还应该包括战略谋划者。这些战略谋划者，可能并不是具体行业的参与者和竞争者，但却是态度冷静的观察者、经验丰富的思考者和站位高远的布局者，是真正的战略管理专家，而不是执行人。他们对企业的影响体现在整体战略的设计和选择，而不是只看到细节的差异。他们可能无法带来短期的、直接的收益，但却能解决关键性的问题。

（3）经历挫折和失败，并从中总结经验避免重蹈覆辙。我经常对学员说，如果你们的企业进入发展瓶颈期，体会挫折和失败，那么我要恭喜你，说明你正在"渡劫"。通过经历痛苦，你的思路和行为才会真正打开。

人的一生是短暂的，企业家需要将时间和精力放在最宝贵、最重要的地方去创造真正的价值。

06
如何才能破解管理困局，高效管理

找到了思维的正道，发现了认知的错误区，接下来就应付诸行动，破解管理困局，实现高效管理。一方面要找到过去存在的实际问题，另一方面则要进行有针对性的调整，建立全新的管理体系和思维。

1. 常见的管理困局

研究发现，多数管理存在病症的企业，往往都有如下这些现象。

（1）看似不缺，但什么都缺。今天，能将企业做到一定规模的领导者，实际上并不知道自己缺什么。经过创业最艰难阶段，个人已有了基础财富，即便不算财务自由，但起码也小有所成。企业有了还算成熟的业务流程、人员团队，产品也在一定程度上被客户和市场所认可，甚至可能在业界小有名气。在外人看来，企业做成这样，算是不错了。领导者甚至可能颇为自得，觉得能留在行业中，证明自己的眼光、能力还是不错的。

但这只是企业的 A 面，在 B 面，领导者却经常抱怨自己什么都缺。

而最缺的，还是资本。十几年前，一笔上百万元的投资，很多创始人就能把生意做起来，从默默无闻变得风生水起。而今天，即便拿到上千万元的投资，也并不意味创业必然成功。这既是因为竞争不断激烈，也因为市场剧烈分化，行业越来越垂直，营销对象越来越精准。在各个行业内部，已形成不同层级的头部企业。创业者想用一笔资本就横扫原有格局，从此"占山为王"，几乎不太可能。对此，许多领导者觉得，是自己手上缺现金流、缺风投，而竞争对手之所以强，是因为他们得到伯乐的垂青，从资本市场中得到更多的支持。

实际上，这种观点太过片面了。今天的企业竞争，已走向全方位比拼，人才、信息、组织架构、领导者个人素质，都会影响竞争因素，而管理则是将这些因素串联的重要能力和资源。一旦缺乏管理能力，则无论手头有多少现金、人才，领导者最终都会后继乏力，觉得自己"什么都缺"。其实，你缺的不是任何一项因素，而是管理能力。

（2）领导者只会挣钱，不会花钱。在三度培训班上，我问学员，大家为什么要开企业？很多人回答说是想挣钱。

的确，从社会角度而言，一家成功的企业，能增加就业、提高税收、发展经济，而从领导者个人最直接的收益看，能为其带来财富。领导者开办企业，确实是为了"挣钱"，也确实需要不断提高相关能力。

问题是，当企业发展到一定规模，领导者拥有了超出普通人的财富后，接下来要发展什么能力，还是不断挣钱吗？

答案是否定的。领导者必须学会"花钱"。

所谓"花钱"，不是指将金钱花费在高尔夫、宴会、社交等场合，更不是流恋于奢侈消费、别墅豪车等。这些"花钱"，都只是个人享受，与企业无关。真正有意义的"花钱"方式，是指如何通过领导者自我投资、自我学习，提高个人管理能力，开阔个人管理眼界。通过"花钱"，领导者找到比自己更厉害的人、管理智慧更高的人、管理经验更丰富的人，找到更好的学习平台"充电"。

懂得花钱，掌握正确的"充电"方法，领导者才能有效为员工充电。领导者有力量，团队才能有文化，企业才能有系统，这样的企业，方可无敌于竞争。

（3）领导者总想拿钱，不想留钱。很多领导者在创业时勒紧裤腰带，精打细算，向企业投钱，希望能打开局面。而有所成就后，他们就很容易将企业看成摇钱树，只想从中拿钱，不想留钱。其实，你拿走的不仅是钱，更是企业未来发展的动力，是属于员工集体的财富。

这些问题，并非出自中层，很大程度上都是因为老板或高层造成的。没有建立正确的管理思维，是导致从上至下管理效率低下的根源。

2. 如何破解困局

从表面上看，出现的管理困局是因为中层领导造成的，但本质上却是最高层的老板管理不当酿成的后果。那么，类似这些问题，该如何进行破解？

（1）领导者要学会改变自我行为细节，以呈现出团队所需要的外在状态。今天，很多企业领导者表面光鲜，顶着"董事长""总裁"等头衔，带着年产值上千万乃至上亿的企业团队。但他们的内心，却经常能体验到无力感。这种无力感，有的来自事业本身压力，有的来自身体健康问题，有的来自家庭、父母和孩子，还有的来自领导者内心焦虑。为了对抗这种无力感，有的领导者想用炫富、炫权力、炫地位的方式，试图让自己的形象站立起来，为人所重视、尊崇。

但这些只是表面的，更多呈现的是无力感，既不能为企业带来需要的资源，也不能解决领导者个人管理能力欠缺的问题。真正的"装"，要"装"在点子上，即提高领导者的觉知力和敏感度，即改变领导者的自我行为细节。

三度从十几年前一家很小的企业管理咨询机构，发展到现在年产值上亿元，领导团队付出了很多心血和劳动，也承受着重大压力。但身处其中，每个人都养成了良好习惯：从不会在工作场合表现出疲乏状态。

三度的领导者也是人，是人就会疲乏。有时，他们也会不由自主地打呵欠。打呵欠是人脑下意识补充氧气行为，不受控制，但他们却能本能地捂住嘴，不让员工看见。

为什么要捂嘴？捂嘴既是为了雅观，也是为了维持领导者的工作形象状态。

无论何种企业、何种环境，无论是否在场，领导者都是员工内心所比对的标杆。普通员工潜意识认定，领导者就是自己的模仿对象，即"老板怎样，我就怎样"。

领导者打呵欠、双眼无神、行动无力、讲话虚无缥缈，员工看来就是松懈乏力。他们随之而来的表现，就会"追随"领导者，导致工作状态更加下降。而当企业陷入这种恶性循环后，很多领导者还并未意识到自己错在哪里，反而觉得是自己缺少权威、资本或者资源。实际上，他们缺少的是觉知力和敏锐感。正是因为缺少这些，领导者才会忽视员工的感受，在管理上力不从心，才会对企业存在的思想问题无所察觉，被动接受人事变化。进而言之，缺少觉知力和敏锐感，还会导致他们对市场变化的捕捉，都慢人一拍，处处被动。

为避免类似问题，领导者必须在员工面前表现出最能鼓励他们的状态，最能带给他们力量的状态。而在此过程中，领导者会养成更好的觉知力和敏锐感。

（2）领导者应改变错误的工作角色定位。领导者既要懂得呈现正确的状态，更要从内而外确定正确的工作角色。

秦朝末年，项家军无敌天下，项羽总是身先士卒、冲锋陷阵。与之相比，刘邦的军队并不占上风，刘邦本人也根本谈不上勇武善战。

但是，最终开创大汉300年基业的，是刘邦。原因在于刘邦的优势，为项羽所不及。

刘邦在军事专项能力上，有种种不足，但他懂得驾驭全局，审时度势，判断竞争局面的发展态势。他懂得能屈能伸、不拘一格地尊重、信任和使用人才，他也懂得谦虚谨慎、从善如流地听从他人的建议。相比之下，项羽在这些方面，都不是他的对手。项羽虽然表面上尊敬范增为"亚父"，但却不愿意听从正确建议，在鸿门宴上放过刘邦，错过了最好的机会。

战场如商场，不但是表面实力的较量，但更是隐藏实力的较量。所谓隐藏实力，就是人才的竞争。项羽虽然有妇人之仁，但他的心胸不够宽广，看不清楚整体态势，又不善于吸引、拉拢和使用人才部，这些都导致他手下原有的人才如张良、韩信、陈平等，"跳槽"到了刘邦阵营。

刘邦不仅没有介意他们过去的经历，反而虚心接受他们的看法，甚至言听计从，最终取得了胜利。

刘邦和项羽都是领导者，相比之下，刘邦的思维更配得上领导者的位置，他的胜利也是对此最好的注解。刘邦有更大的思维格局，眼光更为长远，取得的成绩也必然最大。当然，并非每个企业家都会表现出这种低级的"德不配位"，另一种"德不配位"，是没有意识到自己岗位的职责，而是自以为是地表现能力。

例如，有人虽然做到了企业总经理，但还是喜欢事无巨细，全部由自己亲自抓、亲自负责。结果，不论大客户、小客户，所有谈判，都要由总经理出面。

不论报销金额多少，都要由总经理签字。

哪怕招一个实习生进公司，也要由总经理面试。

哪怕调整一个最基层的岗位，也要由总经理点头……

对此，总经理虽然口头上抱怨累，但心里却乐在其中。"这个公司，真是一天也离不开我。"他们甚至觉得，自己谈判水平就是高、用人眼光就是准、财务管理能力就是强，在整个公司，只有自己是最能干的。

看起来，为了企业发展，总经理呕心沥血、任劳任怨。但在我们看来，这恰恰也是"德不配位"的表现，限制了企业的发展，也妨碍了员工的成长，平添了领导者的压力，却换不来想要的结果。

领导者最需要自我关注的工作特质，而是关键作用的管理艺术、总揽全局的领导能力。如果丢下这些，去和员工在某一方面比，甚至非要证明自己经验最丰富、能力最突出，无异于舍本逐末，忘记了自己的身份。

在大多数企业中，领导者最需要锻炼和表现的个人能力，不是人事、营销、财务、行政、后勤能力，而是对战略的把控、对人性的洞察，对员工的吸引，对集体的锻造。

（3）领导者要学会身先士卒，和员工同甘共苦。

领导者身先士卒，并不只是带头加班工作，而是意味着站在员工角度，来分析自己的角色行为，克制自己的内心欲望。

"生死与共，肝胆相照。"这句俗语每一个中国人都不陌生，但在企业经营中很多，大多数领导者做不到这一点。我们经常会听到领导者抱怨员工执行力不强，没有目标感，没有创业精神。其实很多时候，领导者也要思考，你是否真的将员工当成家人,将企业当成家。

当企业领导者能够意识到这一点,学会和员工同甘共苦,那么就能把企业团队打造得更有担当,更有干劲,更有绩效。唯有如此,企业才能留住人才、用好人才,管理更加得心应手,一线员工的工作更加充满干劲,企业的发展自然水涨船高。

管理就是凝聚人心

第二章

以人为本：领导者要有成就员工之心

领导者与员工的关系是什么？表面上看，是雇佣关系，员工给领导者打工，领导者给员工发工资。事实上，是员工的存在，才造就了企业的发展，造就了领导者的成功。没有员工做支撑，那么领导者就是空中楼阁。所以，管理的精髓就是"以人为本"，带着成就员工的心重塑管理，我们会发现企业管理并不是一件棘手的事情！

01
为什么说领导者要有成就员工之心

企业的生存与发展，离不开客户流量。但是，当企业千方百计引进流量后，是需要员工去转换的。一个企业能否发展起来，本质上是需要全体员工的共同努力。我们既然了解企业管理中"以人为本"的重要性，就是在管理系统的建设中，投入实际努力，让"以人为本"落地。如果对这四个字加以延展，就会形成一句关键话语，即领导要有成就员工之心。

1.3 个问题，解决内心的困扰

很多领导者在听到"成就员工"这四个字时，内心或多或少都会出现困扰。他们下意识地想到，这是我一手创办的企业，是我给了员工工作的机会，给了员工可以展示自己的舞台，是我给员工发工资让他得以生存，甚至还可能财富增长，他们应该感谢我才对，如果不是我，员工怎么可能有今天？所以，我为什么要牺牲自己的利益成就员工呢？

在解决领导者类似的思想问题之前，先考虑如下方面的事实。

（1）员工是喜欢被管理还是被领导？管理，是指在组织中的管理者，通过实施计划、组织、领导、协调、控制等职能来协调他人的活动，使别人同自己一起实现既定目标的活动过程。而领导则是指在一定条件下，指引和影响个人或组织，实现某种目标的行动过程。

在企业管理中，很多领导者都习惯教员工怎么去培训，教员工怎么去做项目，教员工怎么去做流程……领导者把大部分的精力都花费在教员工做事方面，而不是在员工成长上。这就导致员工不喜欢被"管理"。

当然，没有人喜欢被如此"管理"，包括领导自己也一样。这正如同孩子少年时，父母经常给予的错误管教一样。面对这些管教，孩子们最喜欢做的事情，就是叛逆。同样，这也是很多领导者管理思维的局限错误，把员工"管"好、"盯"好，成了头等大事。

相比之下，没有人会排斥被领导。领导，不是耳提面命，不是被紧盯行为，而是影响和指导。很多孩子能够与足球教练打成一团，却总是和父母有隔阂。这在职场上同样适用。

教练会说："别急，看我这一脚是怎么射门的，注意动作要领，再去尝试。"通常来说，不会有孩子拒绝这样的指导。

但父母们总会说："要好好学！认真做动作！"孩子们则会以敷衍了事的态度应对。

这，就是领导与"管"的区别。

那么，领导或"管"对如何成就员工有什么关系呢？其中的区别，是决定员工是否会心甘情愿工作的依据。为此，领导者要转变管理思维，不能停留在传统的管理思维和模式上，而是让"管"升华为领导。

（2）员工想要学有用的东西，还是有道理的东西？很显然，员工想要学到有用的、有价值的东西。讲大道理的知识，看似有用，但对他们而言，事实上没有任何现实价值，那些鸡汤文、励志书无不如此。

但是，很多领导者在管理的过程中，却很喜欢给员工讲道理、说大话，却很少明确地告诉员工哪些东西是真的有用的。例如，领导者经常大谈特谈如何赚取财富，如何投资理财，如何经营婚姻与情感，如何教育孩子，如何选择正确的人生观与价值观等。但大多数情况是，在谈完这些后，领导者很少继续给员工带来有价值的东西。相反，他们赚到钱之后，更习惯把钱攥在自己手中，自己吃喝玩乐，却舍不得把利润合理地分给员工。每天兢兢业业、加班加点工作的员工没有得到应有的回报，很容易认为自己只是企业赚钱的工具。迫于生活，一些员工选择了接受。但是，随着"90后""00后"进入职场，给员工画大饼、灌鸡汤的方法已经不适用了。领导者必须要拿出真材实料来，让员工通过努力，能有所得。

只有这样，才能感化他们。否则，一些迫于生活的老员工，可能还会在等更好的时机，甚至决定在企业"混"下去；年轻的员工，这些都不会在意，他们会毅然决然地选择"裸辞"。因为在这家企业，除了仅有的一点保底收入外，他没有获得任何有价值的财富。

企业领导者如果只想着压榨员工，不为员工考虑，不想成就员工，员工自然就不愿意成就企业。

（3）如果一个人想要成长，是不是一定需要"出丑"？答案确实如此。但对普通人来说，想接受"出丑"，并不容易。很多员工从其校园生涯开始，就聆听过老师的教导，叮嘱他们"有问题就问"。但很多领导的言行，杜绝了这种可能。

员工为什么不愿意"出丑"？因为迎接自己的，有可能是领导者暴风骤雨般的批评。人的本能在于趋利避害，当他们再次遇到问题时，大多数员工会选择自己默默地解决，或是寻求朋友、同事的帮助，而拒绝寻求领导者的帮助。

多数领导者，面对员工的错误时，往往都是不留情面地训斥。更有甚者，采用体罚的方式来侮辱员工，这样的视频近年来屡见不鲜。很多时候，我们也有可能成为类似的领导者。

领导者要经常扪心自问，你们是否允许员工出错？是否给了他们机会成长？是否想着成就他们？如果企业不给予员工成长的平台，不允许员工在错误中成长。员工也当然不会感谢企业，不会为企业"万死不辞"。

企业的核心是管理，领导者的智慧是管理。管理不是管束、训斥。如果员工总是感到自己在被逼迫和无视，他们就不愿意为企业工作。即便工作，也是心不甘、情不愿。很多企业出现问题，根源皆由此而来。当我们对这些问题有了充分的理解后，将更容易明白企业成就员工的重要性了。

2. 员工和老板究竟是什么关系

在企业，领导者与员工的关系无非三种。让员工给领导者干，让员工给自己干，领导者和员工一起干。

在第一种模式下，领导者的格局很小，只看到眼前的利益，把员工当成工具。他们习惯高高在上地发号施令，要求员工必须服从。在这种模式下，员工绝不愿意超额完成，因为他们已经认定：付出多少，赚到多少。

在第二种模式下，领导者给予了员工一定的权限，对其工作不做过多干扰。实行这种模式的领导者格局大了一点，目光也放得更加长远了。此时，员工如果有了成就，领导者也会相应获得成就。这样的企业氛围中，只要没有太大的问题，员工通常是不愿意跳槽的。

第三种模式下，领导者呈现的格局很大。他不仅给予了员工的权限，还给予了员工更大的成长空间。当企业有了进一步发展的时候，领导者愿意分享利润，给员工增加福利。在这样的企业里，人才总是不断涌现，企业发展速度非常快。这种模式，才是领导者的最高境界！在这样的模式中，"领导成就员工，员工成就领导"的关系得到固定，形成了一种互惠互利的模式。可惜的是，多数企业领导者，都很难认识到这一点。潜意识里，他们还是将企业当作"王国"，自己则是"国王"，一言九鼎、至高无上，不容任何人批评自己。

想把企业管好，就要先把员工带好，就要有成就员工的心。想成就员工，领导者就要转变自己的观念，不能总想着榨取员工。而是思考如何帮助员工赚钱，如何帮助员工成长。从员工的角度出发，满足他们的利益和梦想，员工才愿意为领导者做事，才愿意为企业的发展尽力。

别看我风光，是一家企业的老板，但是你们不知道，我一天忙到晚，什么事儿都需要我。企业对我来说，就是个火坑！要不是因为有收入，我真的早就不干了！我一个人身兼数职，财务、采购、业务、企业管理全包揽，你说我能不累吗？

这是我的一名学员曾经发出的抱怨。我相信，还有很多领导者都有这样的心理，对工作产生了严重的烦躁感。之所以如此，是因为员工不操心，只有你一个人操心，员工觉得企业赚或亏，和他没关系。

现在，你会对领导者要有成就员工之心有了更深一层的了解。你成就了员工，员工就会主动去做更多的工作，帮助你分担压力。否则，自己永远只能疲于奔命，员工却根本不关心企业的生死存亡。

有的领导者会说，这些道理我都懂，但在具体做的时候却很难实施下去，会遇到各种各样的问题。

其实，造成难以执行的原因，是因为企业还没有建立一套"以人为本"的体系架构。领导者只是意识到应该让员工成长，手段也只有涨工资。这样做，确实留住了大部分员工，但却没有成就他们，只是满足了他们的物质需求。一旦企业出现问题，员工愿意和企业共存亡吗？很多领导者都不敢肯定。这是因为领导者没有帮助员工找到为之奋斗的目标、梦想和方向，没有让自己成为员工的力量源泉。

真正的成就，是从思维和工具两个维度对员工进行管理，而物质奖励、薪酬激励，只是工具维度中的一个组成层面而已。三度通过建立了完善的体系、理念、架构，去培训、指导听课的学员。学员学成之后，再回到自己的企业，去成就员工，并不断思考如何成就，才会事半功倍。

3. 成就员工的五大好处

领导者成就员工，从直观结果看，员工是最大的赢家，因为他们不仅赚到了更多的钱，还凭借企业给予的平台进一步提升了能力，由此找到了真正适合自己的信仰之路。但事实上，成就员工的企业，才是收益最大的赢家。

（1）成就员工，企业才能不断发展。"21世纪最重要的是什么？人才！"这句电影台词而今已成为企业领导者的至理名言。领导者成就员工，员工从素质、能力、心态上，都能得到明显提升。这些又能反哺企业，促进企业进一步发展。

员工的素质与活力是企业发展的根本动力，企业的发展需要有一支训练有素、拥有较强执行力的员工队伍加以支持。这种素质和执行力，应当随着企业的发展稳步提升。

例如，一个月前，员工的能力是1级。通过领导者的培养，一个月后，员工的能力升至1.1级。别看只是不起眼的0.1，如果将所有员工的进步汇总起来，这将是一个非常可怕的变化。所以，领导者成就员工，就是成就企业。

在企业发展过程中，领导者要有意识地不断发展、提高员工素质，调动员工的积极性、主动性，才能在激烈的竞争中占有一席之地。

在当今知识经济时代，市场竞争异常激烈，过去依靠垄断某种资源、主打信息差的经营模式已经行不通，人才成为决定企业发展的重要因素，是企业能够成功的关键。所以，越来越多的企业开始不遗余力地改进和实施更有效的人才政策，这种态度也正被越来越多的企业所接纳。成就员工，意味着帮助员工向知识型员工转型，哪怕一线生产人员，也要在这个过程中不断提升自己的能力。

例如，过去，员工只会操纵传统机器即可。今天，员工需要学会给智能机器人下指令，需要看懂后台数据平台，并依次进行指令的调整，这就是知识型员工的转变。谁能带动员工、成就员工，拥有更多的知识型、复合型员工，谁就会在市场竞争中站稳脚跟，获得成功。

（2）成就员工，降低企业管理成本。企业的管理成本源源不断。今天引入一名HR主管，明天引入一套员工管理系统，后天制定员工管理手册……在管理方面，企业注入了大量的资金和人力，但效果却并不理想，甚至可能会产生反效果。

这是因为，领导者没有意识到在企业经营管理中，人才是最大的成本。

许多管理支出，都是只管员工做事，没有管员工本人。或者可以说是只管员工的行为，却没有管员工的思想，没有从思想层面成就员工。员工在企业内没有丝毫归属感，对待工作得过且过，宁可少干活，绝不少拿钱……这些负面行为，导致企业不得不"加强"管理。管理带来的压力越大，员工越感到不舒服，对待工作的态度越下滑，由此形成了恶性循环。

但是，如果领导者愿意成就员工，结果就很可能截然不同。领导者愿意帮助员工赚钱，愿意帮助员工成长，愿意在思想层面帮助员工寻找信仰。那么，员工就会感到，这种管理是人性化的，是自己能接受，并会带来长远收益的。他们对待工作的热情，将空前高涨，对待企业也将产生前所未有的归属感。因此，企业发展势不可挡。

也有一些领导者认为，我正常管理员工，企业尽管不会发展得很快，但起码能持续稳定增长吧。但事实并非如此，不能成就员工的企业，即员工幸福感很低的企业，员工的离职率、缺勤率、病假率以及意外事故率都会偏高。即使领导者可以通过不停的招人来填补空缺，但这是治标不治本的。而且，不停地招人，员工不断离职，也会增加企业的成本。所以，如果领导者能成就员工，员工的幸福感就会明显提升。随之而来的，是离职率、缺勤率大幅度下降，是企业业绩的提升。

所以，如果想降低管理成本，从长远来看，成就员工是最适当的方法。

（3）成就员工，增强企业的凝聚力。什么样的家庭最团结，最具有凝聚力？答案毫无疑问，是幸福的家庭。我们不妨想象一下，爸爸有一份高收入的工作，虽然工作忙，但是他也会尽可能抽出时间来照顾家庭。妈妈虽然收入比不上爸爸，但清闲自由，让她有充足的时间照顾家庭。孩子听话，学习成绩良好，遇到问题会与父母主动交流，分享学校的快乐和成长的点滴。这样的家庭，无疑是非常幸福的，即使遇到困难，也会齐心协力共同解决。

企业同样如此。很多领导者都对员工说过这样一句话："把企业当作你的家，好好干！"这句话的目的，在员工看来，无非是希望自己能更卖力地工作。但是，当员工真的把企业当成自家后，却又会在其他场合，听到领导者批评："你以为企业是你家吗，想怎么样就怎么样？"

需要员工时，员工就是家人。不需要时，员工就是陌生人。所以，员工才会对企业失望，员工之间的凝聚力不高，企业也就不可能成为幸福之家。

在企业的发展过程中，成就员工是必然的。要让每一名员工能感到工作的环境是融洽的，同事之间才会互相帮助、互相进步。这样，大家精诚团结，上下形成一股劲，锻造出凝聚力，使企业在激烈的市场竞争中，立于不败之地。

愿意主动成就员工的企业，才会得到员工的认可，他们也会对企业产生强大的忠诚度，愿意主动为企业效劳。无数企业的成功都说明，员工的满意度、幸福感提升了，就会增强员工的向心力和凝聚力，华为如此，小米如此，谷歌亦如此。

（4）成就员工，能改善企业组织氛围。所谓组织氛围，是指员工在某个环境中工作时的感受，它是影响个人及团队行为方式的标准、价值观、期望、政策和过程的混合体。组织氛围越好，员工对个人的期望、企业的期望就越高，越愿意遵守企业的准则；反之，员工就会对企业毫无感情，根本不在乎它的未来。

组织氛围不好的企业，往往都有这样的现象。

早上十点走进办公室，屋里一片黑乎乎的，似乎没有一个人。但仔细一看，电脑屏幕都开着，但大家面无表情地看着电脑。

晚上六点走进办公室，赫然发现已经有一半的人不见了身影。剩下的人，有的在微信聊天，有的在嘻嘻哈哈打闹，有的干脆趴着睡着了。而此时，离下班还有15分钟。六点半，整个办公室空无一人，但没有一个人想着关电脑、关灯，整个办公室又透露出了诡异的气氛。

这并不是夸张，而是一位企业领导者亲口告诉我的场景。这家企业的问题，就是领导者不愿意成就员工。

经过学习，领导者主动在企业内部进行调整，帮助员工成长。一年之后，他对我说，企业终于恢复了应有的状态。

爱因斯坦说，兴趣是最好的老师。这是说个人一旦对某事物产生了浓厚的兴趣，就会主动去求知、去探索、去实践，做事就会事半功倍。员工对工作产生了兴趣，在工作中始终保持愉悦幸福的心态，这样就会对企业产生诸多正面的影响，形成积极的组织氛围。组织氛围良好，员工就更有工作动力，就会主动寻求创造性的方法来解决工作中所遇到的问题，这是相辅相成的正循环。所以，如果我们的企业出现死气沉沉、相互推诿、毫无战斗力的情况，那么领导者一定要仔细分析，其是否做到了成就员工？

（5）实现员工与企业的共赢。共赢，是当下社会的主题。零和博弈的思路，已越来越被抛弃，正和博弈才是社会的共识。如果企业与员工的关系是零和博弈，企业的发展，建立在剥削员工的基础上，那么这家企业无论取得了多大的辉煌，最终都会走向消亡。没有来自员工的支持，企业只是一个空架子；相反，领导者成就员工，就是追求正和博弈，目标在于共赢。

通常来说，企业与员工的目标、愿景和方向并不相同，员工更在乎的是自身的收入、兴趣、职业发展的目标、晋升机会和通道等。企业侧重的则是确定组织未来的人员需要、安排职业阶梯、评估员工的潜能、实施相关的培训与实践，进而建立起有效的人员配置体系和接替计划。

表面上看，双方愿景、目标和方向不同，似乎注定了两者的想法南辕北辙。但是，如果领导者懂得成就员工的道理，愿意帮助员工厘清愿景、目标和方向，那么二者的追求就会实现统一。

美国麻省理工院斯隆管理学院教授、著名职业生涯管理学家施恩根据多年的研究，提出了组织发展与员工职业发展的匹配模型。在匹配模型中，施恩强调组织与员工个人之间应该积极互动，最终实现双方利益的共赢——组织目标的实现及员工的职业发展与成功。

在企业领导者的帮助下，员工个人的能力不断提升，到了一定阶段后，就会进入企业未来人员规划体系。企业在评价员工潜能、寻找储备干部时，志向高远、能力过硬的员工就会进入人才规划系统。这样一来，员工个人的目标实现了，企业持续发展的愿景也会随之达成。这就是企业愿意成功员工，与员工互惠互利的好处所在了。

要实现这一点，必不可少的是领导者要有一颗成就员工的心。拥有这一点，双方最终都会获利，实现共赢。

4. 领导如何成就员工

明确成就员工重要性，更应明确如何成就员工。

（1）帮助员工满足需求。想成就员工，领导者首先要学会帮助员工赚钱，要学会给员工分钱。人活一世，总是被钱财困扰。吃饭要花钱，买生活用品要花钱，结婚买房要花钱，生养孩子要花钱……其实，心理学对此早已有了研究和归纳。

美国心理学家马斯洛把人的需求分成了五种层次，分别是生理需求、安全需求、社交需求、尊重和自我实现。目前，大多数人都只处于追求社交需求的阶段。如果领导者满足了员工的利益需求，让员工能顺利完成这一阶段，并向上攀登，达到尊重和自我实现阶段，员工自然愿意为领导者做事，愿意为企业的发展贡献自己的一份力量。

（2）帮助员工成长。技能的提升、眼界的提升，都可以让员工产生新的追求。即便领导没有安排，他们也会主动寻求挑战，因为他们想要主动获得更大的成长。在这一状态，员工认识到，企业的目标与个人的目标完全一致，企业不仅给自己提供了赚钱平台，更重要的是，自己还能在这里充分实现人生价值。这种状态下，员工将与企业真正绑定在一起，这是许多职场人的梦想，相信也是很多领导者的追求！

当然，想实现这一状态，依靠单纯精神或物质激励，都是不可能实现的。我们需要掌握合理的方式方法，在工作中不断落实，才能最终实现。这里，起关键作用的是领导者。领导者首先要迸发出正向风气，员工才会主动学习。而当员工全力以赴争当第一的时候，企业想不发展都难。如果领导者依然没有意识到员工的重要性，依然摆不正与员工的关系，依然认为自己才是最重要的人，那么企业永远不可能做大做强。

领导者是否有成就员工的思维，决定了企业发展的天花板。领导者要明白，企业发展的速度，取决于核心员工的成长速度。企业所有员工提升 1%，那么企业就会呈现出 100% 的进步。当员工在物质上、精神上、人生理念上得到满足，获得了无与伦比的快乐和不断奋斗的动力，那么企业自然就会发展壮大，最终也将成就领导者。

02
八字箴言：以身作则，身先士卒

在成就员工之前，领导者要先做好这八个字：以身作则，身先士卒。这八个字看似简单，却蕴藏着深邃的管理智慧。

1. 为何需要"以身作则，身先士卒"

很多领导者为这样的问题大惑不解，曾经与自己一起创业的老员工，为什么就像某些夫妻一样过不了七年之痒，最终选择跳槽离开？

其实，答案并非简单的"有人挖墙脚"。如果老员工单纯为了利益而走，那么在创业初期，尤其在创业稍有成绩之时，他们就会收到其他企业抛来的橄榄枝，就会选择离开。那时，他们已经向市场证明了自己的能力。虎视眈眈的竞争对手也不会放过这样的人才，他们会用高薪高福利诱惑员工，想尽办法将其招致麾下。

但是，面对这样的诱惑，老员工没有选择离职。是诱惑还不够大吗？当然不是。员工不离开的原因，是被领导者所彰显的艰苦奋斗、不屈不挠的精神所感动。在你的身上，员工看到了成功的希望。看着你每天为企业奔波，每天为企业奋斗，员工也会充满干劲，你就是员工的力量源泉。所以，员工愿意追随你，也乐意追随你。

然而，随着企业发展到一定规模时，领导者财务自由了，员工赚的钱也多了，但老员工却遗憾地发现，领导者的力量没有了，斗志没有了。他们意识到，这是因为领导者的初心变了。

当初，满怀着迷茫和希望从贫困中走出来时，赚钱就是老板的初心，而赚到一定数额的钱之后，很多老板都选择放纵自己，贪图享乐，而不是像创业初期一样，和员工一起继续努力，把企业做得更大更强。相比之下，优秀的员工在创业中，不断经历着各种项目，能力飞速提升，初心稳定不变。此消彼长，当老员工的能力上升到与领导者一样的高度，甚至超过领导者时，再从他们的角度看领导者，就已经不再有崇拜、学习的心态。"人往高处走，水往低处流"，无论领导者开出多高的工资，也很难将其挽留。

因为另一家企业的领导者，犹如当年的你，正在努力奋斗中。他已经张开双臂，期待你的老员工，在新的舞台上进一步提升。这种提升，不仅只是收入，还有更高层面——精神方面的提升。按照马斯洛的需求理论，对于个体来说，自我实现也就是精神方面的提升，是人类的终极追求。所以，新企业给予这些员工的诱惑，才是导致员工离开的重要因素。

打铁还需自身硬。领导者不仅要能力比员工强，其奋斗意愿也要比员工强，员工才会把领导当作力量源泉，领导者才会成为员工的充电桩。这些，不只体现为外在的感觉、状态，而是表现在智慧维度、心胸格局、梦想引领层面，领导者都要全方位超越员工。这样，员工才会敬畏领导，领导才能成为员工心中的领袖，员工才会有满满的力量、满满的斗志。这就是领导者为什么要"以身作则，身先士卒"的原因。

2. 怎样做才是"以身作则，身先士卒"

想留住员工，尤其保证核心员工始终处于向上期，领导者就应当"以身作则，身先士卒"。

随着企业的发展，领导者不必再将重点放在一线工作上。不必事必躬亲，过分热心地去做其他具体的工作，而是应当进行转型。例如，当他们将工作分配出去后，要做的事情是观察项目的推进，定期走进团队之中仔细核查数据，确保分配出去的工作顺利达成自己预定的标准与期望。如果发现问题，立刻召开会议讨论，给出精准的建议，但不过多干涉，依然由项目负责人完成。

这种引领方式，能让员工看到，虽然企业发展起来了，业务规模变大了，但是老板没有懈怠，没有做甩手掌柜，依然在关注着具体项目的进程。这会让员工感受到大家的心还是在一起的，力气还是往一处使的。

领导者应有这样的意识，自己的一举一动都会在员工的眼中放大。如果你是一个懒散的人，对入职不久的新员工来说，他们会认为企业的潜力有限，会对自己的未来感到担忧。在这种情况下，员工是为钱工作的，一旦遇到更高的薪资、更好的机会，他们会毫不犹豫地离开。而对一起走过创业最艰难时期的老员工来说，他们只会感到痛心和失望，会去选择寻找更好的舞台。

为了保持员工的积极性，为了让员工为企业而工作，领导者要成为员工的表率。每天都要挺胸抬头，精神饱满，斗志盎然，和员工一起为企业的发展贡献力量。

如果把企业比作一个人来看，领导者就是大脑，员工就是身体里的其他器官。为了保持人体的活性，器官就需要不停地工作。与浑噩、懒散的大脑相比，充满活力、勤奋的大脑显然可以更好地指挥器官工作。

对员工而言，领导者的状态是非常重要的。如果老板想要自己的企业发展得更好，想要员工成长得更好，就要以身作则，身先士卒，由个体影响群体。无论之前我们的状态如何，从这一刻开始，我们就要回到创业初期的状态，以身作则，身先士卒。

如下原则，是领导者必须做到的。

（1）严格遵循企业制定的规定。领导者是企业的一分子，企业规定同样需要遵守。例如不迟到早退、参与晨夕会议等，除非有特殊事件，如出差、会客等，领导者应当同样参与其中。即便有特殊事件无法按时参加，也应当在企业内部OA平台或微信群等进行说明。这样做，目的不是汇报自己的行踪，而是让所有员工看到，领导对于企业出勤制度同样在严格遵守，但因为工作的缘故有时无法完全遵循。

"各位同事，因周一早上我需要飞赴上海参加一场重要的会议，所以无法参加周一早上的周会，特此向大家致歉。我虽然不在，但是会议正常进行，由

×××主持会议。上海的事情忙完后我也会及时赶回企业,查阅本次会议记录的同时,也会与大家分享本次活动的见闻!"

这是我熟知的一名企业领导者,因出差无法参与会议时,在全员微信群中发出的一段内容。结果可想而知,虽然他并未参与会议,但是效果一如往常,员工并没有因为他没有出席而敷衍。这种领导者所表现出的态度让员工折服和信任,所以他们能够做到主动解决问题,成就企业。

(2)不断进行学习。学习,是永无止境的。这种学习,不仅是为了依然奋斗在业务第一线,而是需要保证自己的状态,并让员工看到自己的进步,要让自己从各方面都领先员工,成为员工心目中的领袖。

领导者的学习,包括了管理、行业观察、市场分析等。领导者有没有学习,有没有进步,员工心知肚明。尤其在重要的会议上,领导者的发言和决策都会暴露出领导者的真实水平。

来看两则相反的案例。

① 企业召开晨会,部门经理对总裁说:"今年我们发现,市场的变化很大,尤其年轻群体流失很快。我们发现,是因为××企业的产品造成的,他们的创新和市场力度都很强。"

听到这样的回答,总裁说:"什么企业?我怎么不知道他们?×××,你去给我查查这家企业的具体资料。"

员工听完,纷纷低下了头。因为这家企业最近的崛起速度非常快,只要稍微关注行业就不会陌生。有员工在心底说:"算了,老板都不知道,我还费什么劲儿解决问题呢?"

② 企业召开晨会,听完各个部门的汇报后,总裁说:"大家都很出色,我由衷地感谢大家。不过需要提一个醒,虽然咱们保持了较好的增长率,但市场上更

新颖的产品即将出现。最近我在研究发现一家企业，虽然规模不大，但是潜力无限，因为他们正在研发这样一套产品。现在，我和大家分享一下，看看有没有什么启发……"

全体员工竖起耳朵，拿出笔记本开始记录。不过几天，部门经理就已经拿出了一套完善的应对方案。

不学习与持续学习的领导者，在工作细节中其能力差异表露无遗。想要做一个正向影响的领导者，就必须学习、学习、再学习，走在员工的前面，成为员工的领袖。否则，只能眼睁睁地看着自己和员工之间的距离越来越远。

（3）不仅自己学，还要带着员工一起学。领导者不仅需要学习，还要带着员工一起去学习，这样做才能进一步激励员工。

三度培训课程中，针对"铁军团队"打造的课程，就要求企业领导者必须同步参加。在这个课程中，上到总裁，下到保洁阿姨，都是统一着装，统一训练。

有时，企业领导者问我："能不能只让员工去，我不参加？"对于这样的请求，我是绝对否定的。如果领导者有其他事情无法参与，那么就调整时间等待他们，直到他们可以共同参与时，再启动课程。

为什么要这样做？这不是有意难为领导者。恰恰相反，在一些基层员工眼中，领导者被神化了，他们高高在上、遥不可及。仰视领导者，只会让员工感到畏惧，而不是敬重。为了更好地带着员工学习，领导者必须要放下姿态。当他们和员工穿上同样的迷彩服，做着同样的训练，还会同样"出丑"时，员工心中的畏惧才会淡化，距离感才会消失，转而感到亲切和敬重。

所以，领导者参与训练，是为了让员工们看到他们的决心与姿态。员工会相信，领导者愿意与我们一起参与培训，意味着他们也有很强的学习动力，愿意不断提升自我，他们并没有因为企业内部职位的不同而选择逃避。这种"能上能下"的领导者，会更加赢得员工的尊重和爱戴，愿意与之共同成长，最终将企业做大做强。

无论企业规模多大，领导者都应明白，企业的发展是上、中、下三层互相影响的。高层不动，基层、中层跑得快，即便获得一定成果，也会被浑噩的"大脑"牵连而失败。当然，高层跑得很快，基层、中层却不成长，这种头重脚轻的企业，更走不长远。只有领导者和员工在学习中互动，在互动中学习，实现同频提升，企业的规模才会越来越大，效益才会越来越好。

为此，领导者尤其应注意避免盲目推崇学历的现象。一些企业不顾自身发展阶段，喜欢招揽高学历人才，类似的人才取向，本身并没有问题。因为通常而言，学历高的人在专业能力层面都会高人一等，是企业需要的人才。但是，如果领导者自己不学习相关的专业知识，依赖高学历人才，对其提出的方案和建议无所适从，那么，招来的人才也无用武之地。例如，新招聘来的硕士，针对企业内部提出了企业资源规划项目，但是领导者却说："搞什么资源规划项目，我的产品都没搞，都是一个个随心做出来了，花那么多钱搞什么资源项目，有什么用？以后再说吧！"

对于这样的领导者，高学历人才会感到更加失望。所以，领导者不要以为招聘到了一个高级别人才，自己就可以高枕无忧。如果跟不上人才的脚步，那么最终不是我们淘汰人家，而是人家淘汰了我们。

领导者的学习，也应讲究技巧。否则将如同那些不懂得学习规律的学生，即便每天认真听讲，认真写作业，成绩却始终没有提高。

徐老板自己的学历不高，只是高中毕业。随着企业规模越来越大，他感到自己已经跟不上脚步，于是决定给自己充电。他先去了某大学的总裁班，又报名了某管理学院，没有一刻停止学习的脚步。但后来他和我说："我已经不能再读书了，因为我觉得自己书读得越多，和下属沟通却越难。过去我说一句话，大家都能明白，现在员工看我都是一脸迷茫。"

徐老板的学习态度没有错，但是陷入了盲目学习的境地，反而不适应企业现有的阶段和层次。领导者去学习，一定要认真问自己如下问题。

我为什么要学习？
这个课程学习结束，会给我个人带来怎样的变化？
这些知识点，是目前我急需的吗，它可以应用于实际管理中吗？
是否需要多名员工一起学习，这样才能共同进步？
……

领导者想明白这些问题，再针对性地学习，带领员工一起进步，这才是真正的"以身作则，身先士卒"。

03
如何才能帮助员工赚钱

领导者要先管人再管事,人在事前。因此,管理的精髓就是"以人为本"。但这绝非单纯的口号。

在企业管理体系中,管人是核心。但"管人"绝不只是管束员工,而是帮助员工,厘清对工作的态度、对当下的思考、对未来的规划。其中最直接、最显著目的,是让员工能赚到钱。

众所周知,赚钱是大多数职场人的第一奋斗目标,也是许多新员工评价自身价值的重要依据。员工不仅希望能赚到钱,还希望能赚到比同行更多的钱,甚至想要拿到行业顶级的收入,实现最大的薪资利润,这是员工在社会中赖以立足的资本。尤其对于当下的"90后""00后"而言,他们面临的竞争更加白热化,房、车、婚姻、培养下一代……每一个环节都需要资金做支撑。如果员工赚不到钱,无法解决生活中的问题,又怎么可能全身心地投入到工作中?

因此,无论是腾讯还是谷歌、苹果,这些企业之所以可以诞生大量行业顶级人才,一方面是因为他们的内部管理非常完善,另一方面他们给予了员工足够的"物质尊重"。这些头部企业的员工薪资,无一例外都是行业顶级的。正是因为其领导者懂得如何让员工赚钱,所以他们才愿意在自己的岗位上爆发最大的潜质。

从某种程度上来说,正是这些企业丰厚的薪金体系、年终奖体系吸引了人才的关注。优秀的人才越多,企业的竞争力越强,行业地位也越高。行业地位越高,企业利润越高,企业的管理能力也就越强大,员工收入也就越是提升。由此,形成正向循环。

想打造顶级企业,领导者就必须帮助员工赚钱。有一些领导者,只想着要廉价劳动力,但哪有让马儿跑又不给马儿吃草的道理?

① 总经理："我知道你跟了我五年，但是你的能力一直都没有提升。你怎么好意思和我谈涨工资？"

② 总经理："别老想着赚钱，你把本职工作做好再和我谈。我觉得你现在的工资已经不低了。"

③ 总经理："涨工资？你看其他老员工还没提出来这个要求呢。等等再说吧。"

为了工作，很多员工忽视了父母，忽视了爱人，忽视了孩子。面对家人的抱怨和指责，本以为能从为之奋斗的企业领导者这里，获得安慰和鼓励，没想到却被泼了一盆冷水。既然领导者把我们这么多年的付出当成理所应当的，我们为什么还要为他奋斗呢？慢慢地，这些员工不再主动承担额外工作，不再加班，对企业的归属感也不断降低。最终的结果就是，一旦遇到更好的机会，员工就会立刻选择跳槽，对企业不会有任何留恋。

创业者成立企业的目的，是借助群体力量创造更多利润。员工进入企业，同样渴望在这个平台满足收入提升的需求，而并非仅仅为自己寻找栖身之地，让自己"有一份工作"。领导者和员工，从低层次来看，确实是雇佣与被雇佣的关系。但想要成功，就必须形成合作共赢的关系。领导者必须建立合作共赢、帮助员工赚钱的思维，这样才能将"成就员工"之心真正落地。让员工能赚钱，赚与自己能力和付出匹配的钱，最终赚更多的钱，这是成就员工的第一心态。

那么，如何才能帮助员工赚钱？

1. 提高员工赚钱的能力

提高员工赚钱的能力，就是给员工赚更多钱的"渠道"，即让员工有机会赚到更多的钱。

例如，当领导者遇到新员工提出涨薪要求时，应当这样回复："我很理解你涨薪的心态。但是要明白：工资的多少，是和自己的能力相对应的。我可以承诺你涨薪，但前提是你需要将能力提到一个更高的阶段。接下来一个项目，将会是你过去不曾接触的，我希望这个项目里你可以突破自我。项目结束后如果你达到了要求，那么立刻调整薪资。"

领导者做出这样的承诺，就能激发员工的潜力，提升员工的能力。当他的工作能力越高，获得的收入也就越高。在不少传统行业中，由于领导者的承诺和引导不够，员工误以为可以用职业长度去提高收入，在企业工作的时间越长，收入就一定会逐渐增高。可是熬到35岁之后，他们才蓦然惊醒，自己用时间累积的收入，竟然和刚毕业的人差不多。有鉴于此，领导者必须帮助员工认识到，如果想让自己的生活更轻松，就不能安于现状按部就班，而是不停地超越和提升自己，让个人能力匹配更高的收入。

通过能力提升，换取收入上升的方式，能大大激发员工的斗志和热情。但这些不能是纸面上的，只要领导者做出了类似承诺，就必须执行。当员工能力得到提升，满足约定，领导者就必须要主动对其加薪。否则，员工迟早会选择离职，因为他们已经具有了更高的能力，得不到尊重和理想的收入，就会接受其他平台抛来的橄榄枝。

当然，承诺转化成为执行的流程，只有落实到纸上，才能确保信服。所以，企业内部必须建立完善的薪金提升体系和员工培训体系，用制度作保障，才会给员工带来更多的信心。

以腾讯为例。腾讯就建立了培训与薪金提升的两种体系。

培训体系方面，2007年腾讯学院正式成立，无论技术人才还是管理人才都可以在腾讯学院进行学习，实现能力的提升。

薪金提升体系方面，除基本工资外，腾讯还有年度服务奖金、专项奖金等。如果员工在项目中达到预期，就可以获得相应的奖金，这是腾讯给予员工的"双通道"职业发展体系。能力不断提升，并在工作中得以展现，就可以获得更高的收入，既满足了对财富的追求，又在这一过程中实现了员工对精神价值、专业价值的追求。这样，人才自然不会流失，企业的发展也能走上快车道。

总之，企业想要留住员工，最基本的方式就是提高员工的能力，再用能力赚取更多金钱。当员工确信这一点，他们就会为企业奋斗终生。

2. 学会合理分钱

除了帮助员工提升赚钱的能力，领导者还要学会合理分钱。很大程度上，甚至比第一点更加重要。尤其对上升期的企业而言，不懂合理分钱，只会让该赚钱的员工没赚到钱，不该赚钱的员工反而盆满钵满。这种不公平的分配方式，将会导致企业管理系统崩溃，人才大量流失。

任正非曾说过："分钱是企业最难的事。"也有人说，分钱分不好，企业容易倒。那么，领导者为什么要学会分钱？在回答这个问题之前，大家不妨仔细思考一下，钱是谁赚的？很明显，领导者确实在企业发展的大方向上发挥了引领作用，但真正落实计划的却是员工。所以，领导必须要学会分钱。

分钱体现着企业领导者的意志，要确保尽可能地公平合理，使绝大多数的员工保持积极性，以发挥薪酬的持续激励作用。当然，分钱并不容易，其中有很大学问，受到很多因素影响。很多领导者在分钱时，忽视"相对"两个字，变成追求"绝对"公平，甚至变成按资排辈，这对许多员工的积极性，都造成了很大伤害。

我曾遇到过这样一位企业领导者。他说，原本企业春节后有一个大型项目亟待上马，谁知开春后的第一个月，他陆续接到了9名员工的离职信，这其中不乏核心人才。多数离职员工没有多说什么，只是一名员工明确表示："去年连续3个大项目都是我部门完成的，但是年终奖和其他部门没有区别。下面的员工都非常不满，我的压力也很大。这种工作模式我实在没法坚持。"

领导说："我理解你的想法。但是毕竟你们是一个新部门，我需要平衡，要不然其他组的老员工肯定会不满的。"

这位部门负责人没有多说什么，却在一周后离开了岗位。

类似这样的案例，相信许多领导者都不陌生。这就是不懂得合理分钱而造成的人才流失。在分钱问题上，为了兼顾效率和公平，企业必须实行"按劳分配为主体、多种分配方式并存"的分配方案。

为此，我们制定了效果良好的分配模式，其结构如图2-1所示。

（1）底薪可以平均化。底薪相对公平合理，是指每一名进入企业的员工都可以得到收入保障。这至少能满足员工基本的衣食住行。对相同的岗位，底薪构成还可以适当引入工龄工资，给老员工带来保障。但是，底薪的差异不能过大，通常而言，在没有出现任何违背企业规定的情况下，最高底薪者与最低底薪者之间的差异不能超过5%。

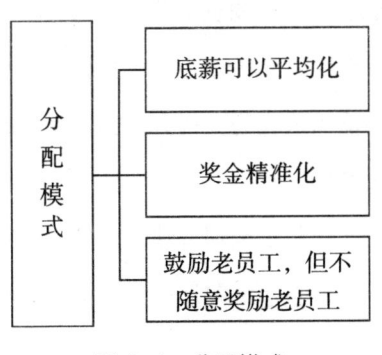

图2-1 分配模式

（2）奖金精准化，建立分部门的独立核算机制。企业应建立独立的核算机制，精准核算每个部门、每一名员工的价值，让员工清楚知道自己每周、每天、每时、每分产生的附加价值，以正确评估自己在企业中的价值。每个月的核算报表，应以部门为单位进行下发，让每个员工认识到自身的价值。根据实际贡献，员工获得相应的奖励，让优秀的员工获得更多的收入和精神奖励，让落后的员工产生压力不断提升自身能力，这样才能科学分配，合理赋值增薪，实现企业与员工双赢。

领导者应注意，对于奖金的分配，要完全剔除资历论，必须严格按照附加价值进行核算，也要剔除其他主观因素。这样奖金的分配才能让人信服，让员工真正赚钱。

（3）领导者可以鼓励老员工，但不随意奖励老员工。部分领导之所以喜欢选择平均分配，或是向老员工倾斜，是因为老员工曾为企业做出巨大的贡献，且具有较高的影响力。领导者担心，如果一味只按照目前贡献值进行奖金分配，会引发老员工的不满，造成企业内部动荡。

这样的想法虽有道理，但是我们不应由此改变员工合理的分配体系，不能动摇分配中主要参考因素。对于老员工，最好的方法是鼓励，而不是无原则地奖励。

例如，企业可以设置"服务奖"，以工龄为阶梯，包括五年服务奖、十年服务奖。这类奖品价格不能过高，更侧重精神层面的奖励。这样一来，老员工既会获得荣誉感，又不至于与贡献值更高的员工产生矛盾，从而皆大欢喜。

当然，如果老员工的能力确实还在提升，也对企业的持续发展贡献力量，那么也应当获得相应的金钱奖励。

通过合理的分配模式，为员工合理分钱，让员工感受到企业的重视和对自己的肯定。这将大大增强员工对企业的归属感，让他们能努力发挥自身才能，为企业发展更加尽心尽力。

平均分配、唯资历论的分配模式，是最低阶的分配模式。只有按劳分配，各种分配并存，才最满足企业员工的需求。如果领导者不懂得分钱的技巧，那么也注定不会得到员工 100% 的工作状态。资历不是不能作为收入高低的依据，但它只是一个参考指标而非决定指标。

"只有学会合理分钱，领导者才能赚到更多财富。"这句话，应当成为所有领导者的座右铭。

04
如何才能帮助员工成长

满足了员工赚钱的需求，只是成就员工的第一步。在此基础上，领导者要进入关键阶段，即帮助员工成长。这将涉及精神方面的成就。多数情况下，精神方面成就的效果，要高于单纯的赚钱，尤其对于刚进入企业、工作年限较短的年轻员工。

年轻员工，朝气蓬勃，对职场有着非常美好的憧憬。他们渴望通过自己的劳动获取报酬，也希望通过工作检验自己数十年学习的成果，并在不断的实践中丰富、强大自己。对很多年轻员工来说，工资已不是衡量工作价值的最重要标准了，他们更看重职业的未来发展。

领导者想赢得年轻员工的心，就要让他们在工作中有所得，有所成长。只有帮助员工成长，才能赢得他们的感激和尊重，员工才愿意帮助企业做大做强。那么，领导者应如何才能帮助员工成长呢？

1. 领导者自己首先要成长

要想员工成长，领导者首先要自我成长。领导者在不断学习、不断提升自我的过程中，再带领员工成长。

例如，领导者参加培训课程时，如果发现企业员工也适合这样的课程，就应邀请他一同参与。在此之前，领导者要引导员工了解培训目的。培训之后，也要督促员工把学到的内容进行转化。

实践中，很多领导者对此却未曾注意。他们认为，只要企业的掌舵人知道前进的方向就可以了，其他人完全可以听令行事。然而，听令行事也是具有门槛的，员工起码要能对领导的指示听得懂、吃得透。否则，很容易会出现"三人成虎"的误传情况，即一件事的本意经过层层传递，被篡改得面目全非。

领导者带着员工一起学习具有很多好处，如图2-2所示。

（1）让员工了解到领导者在学什么。不少领导者在培训结束后，感到收获良多、心潮澎湃，回到企业与员工交流，员工却一脸茫然。看到员工的反应，领导会感觉自己是在对牛弹琴。出现类似情况，归根结底就是因为员工没有接触老板学习的知识，无法理解老板提出的新理念、新方案，双方的思想和行为不在同一个层面。所以，领导者带着关键员工去学习，能让他们和自己保持同样的频率，在思维和行动上保持一致。这样，领导者与员工交流更高效，而不至于出现信息壁垒。

```
                    ┌─ 让员工了解到领导
                    │  者在学什么
带着员工一起学习 ─────┼─ 让员工和领导者一
                    │  起进步
                    └─ 鼓励员工在工作中
                       大胆实践
```

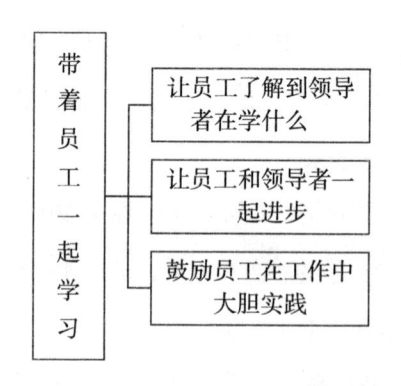

图2-2　带着员工一起学习

同样，企业为员工报名参加的培训，领导者也可以与他们一起参与，也便于建立双方的同频思维。当领导者和员工的思维同在一个频率上，做事自然事半功倍。

（2）让员工和领导者一起进步。一位好的领导者对企业的发展至关重要，可是如果你的员工水平都很差呢？现实中，很多企业也会出现这种情况，领导者参加了很多培训，努力学习和成长，员工们却不以为然，私下里还会挖苦说："老板就是钱多了，去上那些没用的课程！"

员工产生这样的想法，恰恰说明领导者学到的内容，没有被员工理解。所以，带着与课程相关的员工一起培训，会让他们理解课程的意义，理解领导者的良苦用心。更何况，一个人的努力很难成功，只有整个企业的人共同努力，才可以更快地摘取胜利果实。

如果领导者不方便直接带员工参加培训课程，应在回到企业后，进行相关课程的再讲解，由领导者本人做讲师。温故而知新，在给员工讲解的时候，进一步加深了领导者对培训课程的理解。这样一来，领导者每次接受的培训内容不仅自己受用，还可以有效传达给员工，使员工跟随着领导者的步伐一起进步，一起成长。这个模式即"转训"，将自己学到的内容，通过转达的方式对员工进行培训。

同时，领导者愿意主动分享培训课程，也会让员工感动。虽然企业发展起来了，领导者赚到钱了，可是领导者还愿意帮助员工更上一层楼。这样乐于分享，带领大家一起学习、一起提升的精神，会让员工对领导者更加尊敬，对企业更加忠诚。

（3）鼓励员工在工作中大胆实践。领导者不要以为学习了，员工就成长了。学习之后，还要实践。实践是检验真理的唯一标准。学到的知识是否有用，要怎么用，这都需要员工把知识落实在工作中。只有行动起来，才能实现能力的提升，行动就是实现成长的关键。

日常工作中，领导者要鼓励员工对学到的知识大胆应用。无论直接带员工参加培训学到的知识，还是通过转训传达的知识，都要在工作中落地。即便员工的经验有限，运用起来可能存在一定风险，也要让他们勇于尝试。在员工的实践过程中，为避免因为其不熟悉而造成的风险，领导者要全程进行参与、指导和协作，帮助员工在相关过程中，真正发挥和掌握实践能力。

当项目结束后，领导者应亲自参与员工的分享总结会，对过程中新技巧的使用、存在的不足、有创新的亮点进行讨论、分析。

经过如此流程，员工的个人能力就会得到明显提升，他们的自信心、对工作的态度都将达到新的高度。在良性循环下，员工的精神层面会得到很大满足，对企业、对领导者的忠诚也会与日俱增。

帮助员工成长，不仅能让新员工对企业产生强烈的归属感，还会让老员工产生新的激情。老员工之所以随着工龄的增长变得越来越"懒惰"，很大程度上是因为他们已经无法获得进步的空间，只是依靠其经验优势，在企业内生存。如果领导者愿意在自己成长的同时，带领员工一起学习，一起成长，就可以为这些老员工注入新的力量，让企业焕发新的生机和活力。

帮助员工成长，要在自身得到成长的基础上进行。铁打的营盘流水的兵，领导者才是企业自始至终的支柱。先实现自我成长，这不仅可以使领导者更好地掌握企业的发展方向，也会让能力优秀的员工始终对领导者保持敬畏。

2. 带员工一起学习

读万卷书，不如行万里路。只是纸上谈兵，对员工的发展不会有很大的帮助。此时，领导者要做的，就是带员工出来走一走，见一见世面。能做到这步的领导者，就很可能成长为教练型领导。

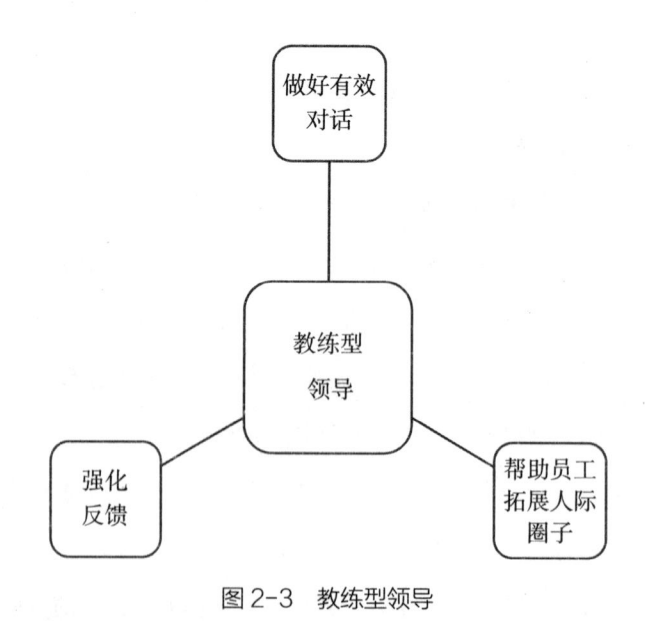

图 2-3 教练型领导

教练型领导不会像那些溺爱孩子的家长一样，将每件事都规划好，然后让员工去做，而是让员工自己去学怎么做。在教练型领导者的指导下，员工能更独立自主地解决问题，比教一步走一步的员工拥有更高的创造力。成为教练，才是企业领导者的目标。

如何成为教练型领导？不妨从这三个角度入手。

（1）做好有效对话。你可以是较为内敛的领导者，但不能是完全不懂说话的领导者。

所谓"懂说话"，就是可以与员工进行有效对话。很多时候，领导者在和员工交流时，很容易出现牛头不对马嘴的情况，难以达成一场有效对话。所谓有效对话，就是明确谈话的问题内容，告知想达成的结果，以及说清楚具体的谈话流程。但是，想要做到这点并不容易。

某日，小陈找到经理，说："经理，我希望能在高层领导面前有更多露脸的机会，希望您能帮我。"

经理说："好的小陈，你有这样的想法说明你很有上进心！我会满足你这个请求的，如果有机会，我就多安排你在领导面前露脸！"

经理是这样说的，也是这样做的，随后一段时间，只要有机会他就会让小陈参与企业露脸的活动。然而几个月后，小陈突然对老板表示，自己想要辞职。

经理非常困惑，因为自己明明满足了小陈的请求，给予其帮助。但小陈却提出了离职。其实，经理没有理解员工的真实想法，不明白员工提出这样请求的真实目的，这场对话并非有效的。换而言之，只是基于错误的判断，经理才作出了错误的决策。

回归案例，同样的请求下，更换交流内容，就能形成有效沟通。

经理问："你想让其他高层也看到你，那么具体需要我帮助你什么？"

小陈："我想多在会议中发言，突出我们的成绩，我也希望您能够帮我多说好话。"

经理问："为什么有这样的想法？那如果我协助你完成了这些事情，你最终的目的是什么？"

小陈说："我就是想让其他领导看到我的能力。我渴望到咱们海外分企去锻炼自己，想在新的环境里挑战自我。目前我的工作很单一，我完全可以胜任，已经不具备挑战性了。"

此时，经理才真正了解到小陈的目的。这才是有效的对话。

领导者要通过有效的对话了解员工的想法，这样才能有的放矢地为他提供新的舞台，让他有更多的机会成长。有效的沟通是成为教练型领导的第一步。

（2）强化反馈。领导者，不要用含糊的语言与员工交流，应该尽可能地用正面的语言激励，而不是负面的语言批评；应尽可能给出建设性建议，而不是泛泛而谈、陈词滥调的夸奖。

马总的企业有一个名叫丁某的年轻人，他的能力过硬，但就是有个小问题：总喜欢迟到。马总了解到，丁某的家离企业不远，迟到只是一种不好的小习惯罢了。但是，丁某迟到的频率却很高，每周总会有三天迟到10分钟以上。

有一次，马总对丁某说："不能总是迟到，否则其他同事会有意见的。每天八点前，你必须到企业！"

丁某答应得爽快，但是到了第二周，他还是迟到了两次。到了周会时，所有员工都以为老板会大发雷霆。谁知老板却笑着对丁某说："我注意到你这周在准时上班方面有了不小的进步，这周有三天你都做到了准时上班，那下一周我们挑战一下，五天都准时上班，你看怎么样？"

丁某也没想到老板居然这样说，他有些不好意思地笑了。从这以后，丁某没有再出现过迟到的情况。

马总的这种做法，很多人并不理解。员工已经是成年人，有必要使用这种方法吗？况且员工有错在先，即便公开批评，也没有问题。

领导者言辞犀利地批评员工，当然可以，并且也有可能取得效果，但我们不应忘记，批评不是目的，解决问题才是目的。帮助员工进步和成长，才是领导的出发点。为达成目标，正面反馈的效果会比负面反馈好很多。

当然，正面温和式的建议，仅限使用两次以内。如果员工依然没有改进，那么我们就需要请这样的人离开企业，因为他已经不再适合企业的需求。根据"进入、适合、离开"的理念，如果员工依然无法实现自我成长，那么就需要果断地让其离开，避免影响到原本积极的企业氛围，给其他员工带来负面的榜样。

（3）帮助员工开阔眼界。想帮助员工成长，就要利用日常的企业活动，带员工共同学习。只要场合适合，领导者就可以带员工，共同参与活动，如沙龙、行业高峰论坛等。如果有必要，领导者还应积极将员工介绍给其他人，让他们有机会接触到真正的行业精英。

在这样的场合里，员工不一定有多少发言权。但通过接触高端的场合，员工们可以接触到不同领域的精英人才。倾听各行各业人才的发言，使得这些员工受益匪浅。对带领他们来到这种场合的领导者，他们也会打心底里感激其给予的宝贵机会，从而对企业的发展更加上心，愿意倾尽所学推动企业的发展。

在《三国演义》中，刘备就有这般智慧。刘备起家初期，他并没有多少资源，唯一的资源就是将关、张二人带在身边，让他们见大世面，这才有了关羽"温酒斩华雄"的机会。关羽一战成名，从此威震华夏，逐渐成为刘备最重要、最信任的左膀右臂。刘备也收获了勇猛的大将。

今天，商业竞争不亚于战场，通过活动，员工学到别家企业所长，让自家企业也有了超越别人的实力，这和"关羽温酒斩华雄"，是一样的道理。

开阔员工的眼界，就是在拓展企业。这对于员工的成长至关重要，对于企业的发展也至关重要。

如果领导者能做到先自己成长，再带着员工出来一起学习，从而帮助员工成长。那么，员工给予领导的回报，就会如同"春种一粒粟，秋收万颗子"。要想成就员工，在帮助员工赚钱之后，领导者更应帮助员工成长。

05
如何才能帮助员工找到信仰之路

信仰，是精神世界中最高层次的内容，是人生的价值的所在。

领导者有信仰，所以才会创立企业。企业有信仰，所以它才能朝着既定方向不断前行。而企业的发展，又由员工决定。换而言之，员工信仰的高低，决定了企业是否能达到最终目标。

与直观的收入、成长相比，信仰以一种相对抽象的形态存在，但它却无处不在。当员工对职业规划、人生规划充满信仰，他们在工作中的状态就会变得更加积极；反之，如果员工没有正确的信仰，短期来说，尽管不会对企业产生负面影响，但从长期上来看，企业的业绩是会逐渐下滑的。

所以，领导想要成就员工，最重要的一步就是帮助员工找到信仰之路。

1. 企业文化就是领导文化

信仰是指让员工为之奋斗的目标、梦想和方向。那么，领导应怎么帮助员工树立奋斗目标、梦想和方向呢？在三度培训课上，经常有企业老板问相关问题。

"我该如何建立正向的企业文化，如何帮助员工找到信仰？"

信仰很复杂，因为它不是具象的表达，无论怎样的形容都不够精准。但是信仰其实又很简单：领导的信仰就是企业的信仰！

我们总在说企业需要建立文化。这个文化来源于哪里？其实就来源于创始人，来源于领导者本人。

企业文化是什么？就是企业自主形成的一套属于自己的行为方式、思维模式。不同的企业有不同的文化基因，这些文化发展到最后，呈现出非常复杂的特点，但是它的原点，无一例外来自领导者本人。

苹果的产品之所以以美学、设计著称，就在于乔布斯有一套独特的美学理念，它奠定了苹果的基调，文化以此进行发散。

任正非出身于军队，身上有着军人隐忍、脚踏实地、严格遵守制度、注重团队精神的特质，所以华为从诞生的第一天，就已经有了这些文化特质。

谷歌创始人拉里·佩奇与谢尔盖·布林天生就是闲不住的人，年轻之时就有着无限的互联网创意，所以由他们创建的企业，自然更加推崇"开创性"，谷歌由此不断开发出谷歌眼镜、无人驾驶汽车。

企业的决策体系、人文关怀、团队活动，这些最基础的表现形式都是领导者最终决定才能实施的。随着企业的发展，企业的运转模式发生了变化，呈现出更庞大和复杂的体系，但是整个文化的根基，就来源于领导者本人。所以，企业文化就是领导文化，领导的信仰就是企业的信仰。

但是，领导的信仰对企业文化的影响，又不是从一而终的，而是在不断发展、变化的。文化本身就是企业在长期发展过程中，由全体员工积累而成的一种共同的习惯、方式、想法、理念，随着员工团队成长扩大，企业文化也会发生变化。

在企业初期阶段，企业文化模式完全由领导者主导，所以呈现出了与其创业动机一致的状态，即信仰"先活下来"，尽可能多盈利。随着逐渐站稳脚跟，领导者内心的状态散发并影响着其他员工，如谦逊、诚信，此时，企业文化也呈现出类似的风格。

在此过程中，已经与领导者同步的员工，也会将自己的信仰特点融入企业文化，对之加以充实，使之呈现出多元化发展。此时，集体的信仰已不只是盈利，还倾向于帮助更多的员工找到价值感。这种由领导者为起点而开展的文化积累、信仰提升，最终将构建出企业的文化生态与信仰目标。

从反面来想，如果领导者每天得过且过，在企业内部奉行"散养"模式，那么这家企业自始至终都很难建立明确的企业文化。员工将想到哪里做到哪里，想怎么做就怎么做，没有标准、没有规矩、没有方法。这样的企业，自然没有信仰，更无法帮助员工找到信仰。

在建立企业文化和信仰之前，我们首先要确定领导者的文化和信仰是否正确。即便领导者已做到这点，他在各方面的能力素养、工作状态要优于员工，成为员工心目中的领袖，这样才能把文化和信仰落实下去。

纵观一些杰出企业，它们能长久发展，就是因为从 0 到 1 之间，迈出了正确的步伐。这一步伐，恰恰因为领导者正确、积极的信仰为企业发展定下了基调。

很多领导者都认为，一名不称职的中层管理者，会搅乱整个企业的氛围和格局。但事实上，如果领导者有充足的信仰，就能敏锐发现问题、及时纠正问题，又怎么可能任其继续如此发展下去？在一个企业里，能量最大的人就是控制资源最多的那个人，正常情况下，就是领导者。而除此以外，没有任何一个人可以始终控制企业的运转，对员工产生影响力。

一个企业，没有高度就没有未来。这个高度是谁决定的？不是基层员工，也不是中层管理团队，而是领导者本人。企业的高度，反映的就是领导者信仰力量的大小。你为什么去打拼、奋斗，为什么成就员工？就是缘于提升企业高度这一目标。

企业文化源于领导者，领导者必须"以身作则，身先士卒"，带着一颗成就员工的心去奋斗。当领导者建立这样的信仰，就意味着企业拥有了更多的成长空间。

那些总爱问"我该怎样建立企业文化"的领导者，应先审视自己，看看是否建立了崇高的信仰，且可以为此不断付出努力。当领导者有了自我成长方向，企业才会有了未来的目标。

例如，领导者想要建立守时的企业文化，那么首先自己就不能迟到，还要强力约束员工的迟到行为。再如，领导者想要建立互帮互助的文化，那么就要学会主动帮助别人，且不能厚此薄彼，避免形成小圈子文化。只有领导者亲身推动，以身作则，企业的员工才能受到感染和影响。

企业的文化不断丰富，信仰也就慢慢地在员工心中扎根。每个员工习惯成自然，最后就形成了一套固定的行为方式，即企业文化。

所以，领导者不要以为文化是喊出来的，每天组织员工喊几句口号，就可以传播和构建文化。这个过程需要不断的能量投入，尤其是领导者本人——你做到了哪一步，你的企业就有怎样的文化和信仰。

2. 帮助员工厘清愿景、使命和价值观

当代社会，科技发展日新月异。很多人对未来感到迷茫，无所适从。表现在工作上，就是员工不知道自己的工作目标。此时，领导者需要做的，就是帮助员工厘清愿景、使命和价值观，进而帮助其确定在企业工作的意义、目标和未来的方向。

在明确信仰的基础上，我们该如何去帮助员工呢？

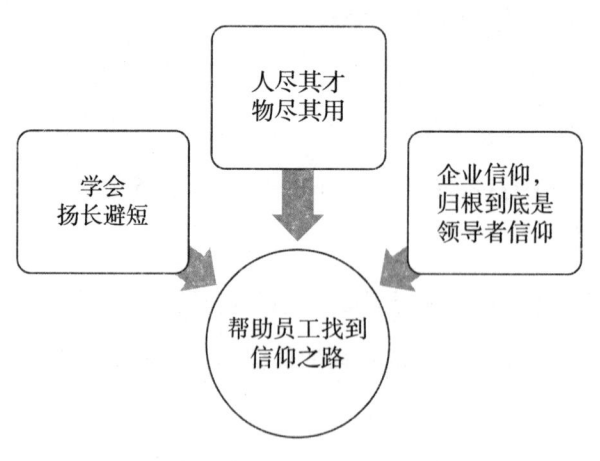

图2-4 帮助员工找到信仰之路

（1）帮员工厘清愿景。愿景是内心的渴望，是脑中的图画，是内在的驱动力。有了愿景，人就愿意实践、追求。厘清愿景，也就是帮助员工厘清在企业工作的意义。

员工为什么要工作？是因为要赚钱，要养家糊口。但是在初步实现这个目标后，员工就应致力于自我价值的实现。所以，领导者要明确员工目前所处的阶段，才能对症下药，帮助员工厘清愿景，明确工作的意义。例如，帮助他们规划未来的职业发展，引导他们看见自身在企业中还能承担何种更重要的角色，向他们描述未来的企业运营图景等。

（2）帮助员工明确使命。使命是企业生产经营的哲学定位，也就是经营的理念。企业确定的使命，为企业确立了基本的经营指导思想、原则、方向，最终形成企业哲学，同样包括了员工应努力完成的共同目标。所以，领导者帮助员工厘清使命，也就是帮助员工厘清各自的工作目标。

为此，领导者要首先明确目标的定义，目标是想到达到的境地和标准。通俗地说，目标就是一开始想得到的东西，就是梦想和初心。

梦想和初心，不应该用钱来衡量。有些企业领导者在创业之初，初心只有赚钱。但等赚到钱之后，很多人的初心就荡然无存。企业领导者尚且如此，员工缺乏长期使命感，也就并不奇怪了。

因此，领导者有必要帮助员工确立目标，并坚定不移地为之努力，不可轻言放弃，也不可被乱花眯了眼。

在确立目标之前，应该遵循以下两个原则。

① 目标必须现实、可行。在实际工作中，这一点往往被忽视了。很多人都认为"目标越大越好"，但当能力和目标不匹配的时候，目标过大反而会给员工带来巨大的压力，也会影响企业的发展。

例如，一些不甘于现状的员工，在工作中取得成果后，会想要利用企业给予的业绩，跳槽到行业巨头企业。他们并未意识到自己的时机价值，凭借小小的成绩就沾沾自喜，妄图跳到与之能力不匹配的平台，这不是目标，而是不切实际的幻想。

但是，也有一步一个脚印、脚踏实地的员工。他们会先确立目标，然后将之分解几个小目标，再不断进取。例如，一名销售人员即便想要跳槽，也知道要先成为年度业绩冠军，为此，他就需要先保证自己每个月度业绩第一。这样，他才能达成自目标。

所以，领导者要帮助员工厘清的，应该是现实的、可行的目标，而不是不切实际的空想。

② 员工确立的目标要与企业紧密相关。而当员工愿意和企业的目标保持一致后，才能进行下一步的成长。

（3）帮助员工树立正确的价值观。价值观是基于一定思维基础之上做出的认知、理解、判断或抉择，也就是人认定事物、判别是非的价值取向。所以，价值观决定着人的行为方向。价值观是后天形成的，接触的人不同，学习到的东西不同，所处的环境不同，都会导致不同的人产生不同的价值观。

为了确定企业发展的方向，为了企业长久的发展，领导者必须要求员工树立正确的价值观，以此统一员工发展的方向。

可以在企业内推广如下这些行动，加强员工对于信仰的认同与遵守。

强化员工的价值观：
- 会议中的企业文化宣传
- 利用媒介资源，引导价值观
- 树立典型，开展优秀事迹报告会
- 设立基金会

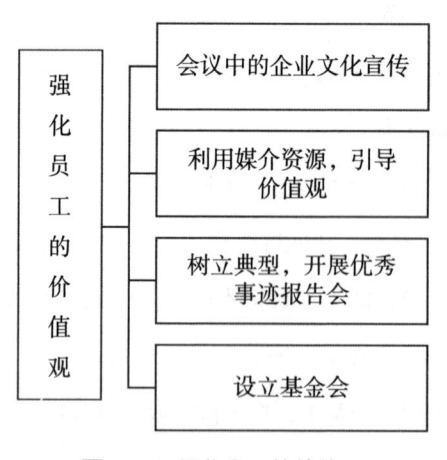

图 2-5　强化员工的价值观

① 会议中的企业文化宣传。企业在晨夕会的文化宣传部分，要引导员工大声背诵企业文化、唱企业主题歌。这样，可以加深员工印象，在潜移默化中引导员

工向同一个方向发展。上学时，我们每天都要做课间操、早自习晨读，是为了培养良好的习惯，然后习惯成自然。在企业内推行这样的习惯，员工也会不由自主地按照规范进行工作。

② 利用媒介资源，引导价值观。如果企业有自己的内刊、微信公众号等，要及时更新关于企业文化、企业信仰方面的内容。可以发布一些幽默的小故事，在故事里传递企业的价值观。

③ 树立典型，开展优秀事迹报告会。领导者要注意观察员工的工作，一旦发现员工对企业做出了贡献，就应及时进行表扬。或者开展爱岗敬业奖励活动，对符合条件的员工进行统一选拔。通过评选之后，要颁发相关的荣誉，还要设立荣誉墙进行展示，让大家以此为荣。

④ 设立基金会。如果企业条件允许，可以在内部设定基金会。例如，企业推崇孝顺的理念，那么就可以设立孝基金。当员工家庭的父母出现问题时，基金将会主动对员工进行帮助。对于基金的运作、基金的具体事件，也应不断宣传，加强员工的理解。

经过这些措施，员工就可以树立正确的价值观，明确发展的方向了。

管理就是凝聚人心

第三章

选人有术：打造铁团队，先挑选核心铁班底

在企业经营管理过程中，人才是最大的成本。人是企业赖以生存的根本，是一个企业的核心。所以，企业要想发展，首先要选择合适的员工作为铁班底。

俗话说得好，铁打的营盘流水的兵。只有第一批员工选好了，营盘打好了，那么，无论"兵"是走是留，都不会对营盘造成大的影响。凭借营盘一样铁的团队，企业才能在激烈的市场竞争中获得一席之地，才能不断地发展壮大。

01
再强大的企业，都需要一支铁军

企业在发展的过程中，总会遇到各种问题和矛盾。如果上下不齐心，没有共同的奋斗目标和愿景，团队就不坚定，企业的发展也将陷入困境。因此，打造一支铁军非常重要，这关乎企业的生死存亡。许多企业都意识到打造铁军的重要性，也在为打造铁军而努力奋斗。但是，由于缺乏专业知识，没有挑选到适当的人选，或者没有将合适的人放在合适的位置，很容易以失败而告终。当然，也不乏成功案例。

总结优秀些企业成功的原因，归根结底是团队的力量，源于创始人的思维，兴于企业独特的文化属性，壮于团队的骁勇善战。那些让我们敬仰、钦佩的企业，无一例外都有共同的基因：铁军。有人却不以为然，认为企业只要拥有足够多的员工，就可以由量变成为质变。但是，量的积累并不必然为企业创造铁军，不合适的员工越多，企业就越难在商场上取得成功。这需要领导者擦亮眼睛，挑选出合适的人，并能付出时间和精力成就他们，让他们成为真正的助力者。此外，还有领导者担心竹篮打水一场空，辛辛苦苦培养的人才，最终为别人做了嫁衣。但纵观知名的团队，他们也会有员工离职的情况，且不在少数。但是，最核心的铁军成员始终非常稳定，并呈现不断扩大的趋势。

反观一些小企业，把管理的重点放在管事上面，认为员工无关紧要，对员工漠不关心。这样的企业，员工就是一盘散沙。没有强有力的铁军支撑，稍遇挫折，就会不堪一击。

综上所述，企业必须要拥有一支铁军。

1. 企业利益和立场忠实捍卫者

铁军之所以称为"铁军"，首先就在于他们有立场的坚定。这里的"坚定立场"，不仅只是简单遵守，而是以"主人翁"的意识把团队纪律高高举过头顶。

例如，企业内设定了完善的管理条例，明确说明了各种奖惩规则。但是身为企业某重要部门的主任，自己却无法做好这一点，经常无故迟到早退，在办公室里玩游戏等。主任对企业规章制度都无所谓，那么上行下效，下面的员工也会不屑遵守。这个部门的主任与企业的立场不一致，对领导不忠诚。自然，也不会建立一支铁军。

这也导致了很多企业领导的抱怨："我给核心人员开的工资那么高，可是为什么还是留不住人才？即便留下来也不愿意好好干活，这让我很头痛！"

所以，企业需要一支铁军。即便员工的能力还未能达到行业领先地位，但是至少要在态度上呈现出与领导者的利益和立场一致，对领导者的决策严格遵从。

当企业的核心团队与领导者立场一致，能牢牢守护企业的利益时，徇私舞弊、贪污受贿的行为就会大大减少，企业也就可以树立正向的风气。这是企业发展的起点。

铁军具有强大的影响力，也有着踏实工作、不越红线的坚定态度，能在规范的纪律生活中不断成长。这样，才能感染普通员工，共同遵守企业的规章制度，维护企业的利益和立场。

2. 企业发展中最重要的推动者与力量

捍卫企业的利益与立场，是铁军的基础价值。在此之上，他们还是企业发展最重要的推动力量。

我培训过很多企业，往往都存在这样的现象，即企业内部组织结构貌似完善，但具体到每一个部门时，却又较为平淡，很难找到某个业绩极其突出的部门。企业按部就班地发展，缓慢的成长速度，导致企业落后于竞争对手。由于缺乏铁军，造成成长动力的不足，久而久之，企业的核心竞争力越来越低。企业越大，这种情况就越明显。

企业必须拥有一支铁军，它可以是一个部门，可以是一个特别小组。无论具体形式如何，企业都应该有一个能力、决心、忠诚度明显优于其他部门表现的团队，他们不断创造新价值，突破既有水平边界，这样才能带动整个企业的战斗热情，不断推动企业的进步。

3.员工的职业终极成功目标

领导者成就员工，需要帮助员工找到信仰之路。而铁军，也正是员工的职业终极成功目标。

一支铁军，往往因这些特征，而成为员工努力的目标。

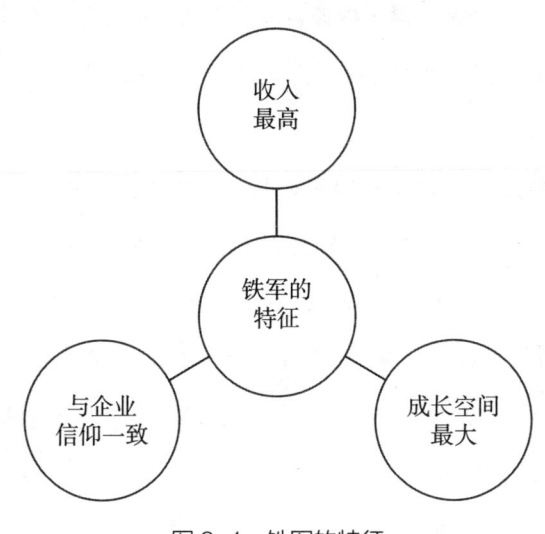

图 3-1 铁军的特征

（1）收入最高。企业中，同样的岗位，大都有着相同的基础工资线，但铁军的执行力更强、业绩更高，所以他们享受的福利、奖金也更加丰富。为此，其他员工就有了奋斗的决心，以进入铁军班底为荣。

（2）成长空间最大。铁军的忠诚及能力水准，决定了他们有机会获得更丰富的实践、更深入的培训，形成更远大的成长计划。例如，参与行业高峰论坛、结识业界顶级领军人等。唯有如此，才能保证铁军的稳定战斗力。而其他员工也愿意为加入铁军而努力，获得更广阔的成长空间。

（3）与企业立场一致。铁军员工要与企业立场一致，要认识到，个人的成长建立在企业进步的基础上，企业的进步依托个人成长能量而发展壮大，二者相辅相成，相互促进。在这种状态下，即使企业面临困难，铁军员工也不会大难临头各自飞，而是与企业坚定地站在一起，共同奋斗，甚至会拿出个人积蓄助企业渡过难关。

4. 企业创始人的核心支持者

《大学》曰："有德此有人，有人此有土，有土此有财，有财此有用。德者本也，财者末也。"意思就是，君子应该首先注重德行。君主有德行才有人拥护，有人拥护才会有国土，有国土才会有财富，有财富才能供使用。德行是根本，财富是末事。

想建立一支铁军，企业领导要有德行。简单来说，就是状态要好，格局要大，思维要活跃，服务意识要好。只有领导以身作则，身先士卒，员工才会信任领导，才会将领导当作领袖。而铁军，就是领导最忠诚的核心支持者。他们会完美地完成领导者布置的任务，并根据经验提出合理的建议，而不是单纯的"愚忠"或是毫无理由的回绝。从这一点上来说，领导者要塑造好自身的形象，才能让企业内部拥有诞生铁军的基础。

5. 为什么我们没有铁军团队

企业应该拥有铁军团队，但为什么很多企业始终没有建立起铁军？

结合"以人为本"的理念，我们就能发现，很多企业领导自身思维和言行中存在的误区，导致铁军团队无法完全建立。

（1）重视精神层面，忽视物质建设。很多领导者在会议上总是喊口号、讲故事，引导大家建立"企业主人公"的心态，这本身没有问题。但是不要忘了，口号再响亮、制度再完善、创业故事再丰富，员工来到企业工作，首先是要满足生存和发展，赚得足够的收入，保障自己和家人的生活。企业不断发展，但核心员工的收入却始终没有提高，员工连第一诉求都无法满足，就谈不上精神归属感的形成。想拥有铁军，领导者先要帮助员工赚钱，解决他的后顾之忧，这样他才能赞同领导、信任企业。

```
团队建设的误区 ──┬── 重视精神层面，忽视物质建设
                ├── 精神建设，领导者往往不参与
                └── 精神建设是目的，而不在乎过程
```

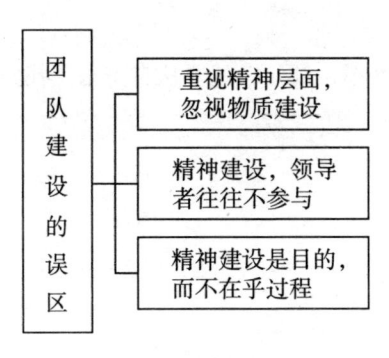

图3-2　团队建设的误区

（2）精神建设，领导者往往不参与。企业想拥有铁军，领导者要按铁军文化的准则自我要求，做出表率。

在三度的新学员中，我发现很多人都存在"话多"的现象。当他们说起对员工的精神建设要求时，头头是道，但自己却游离在这个体系之外，丝毫不在意自己的行为已经越过底线。例如，有人随意支出企业账户，有人随意安排亲戚朋友在企业内任要职等。

稻盛和夫说过，哲学主要修炼自己，需要通过领导者自己的行为，去影响员工自觉接受与认同。只有领导者自己先做到以身作则，才能引导员工共同进步。

（3）精神建设是目的，而不在乎过程。一些企业领导者将精神建设作为手段，整日给员工"洗脑"，以实现多工作、多加班、多创造利润的目的，但这样做，最终却无法留住人才。究其原因，是因为领导者没有理解，铁军的精神建设不是手段，其价值贯穿于过程。让员工建立铁军思维，是为了企业、个人更好地发展。如果仅仅将精神建设作为功利性的手段，那么多数企业都会陷入动机不纯的境地，即企图通过所谓铁军精神建设，降低员工物质需求，从而变成降低成

本的一种手段。在这种手段下，刚开始，也许员工会表现得焕然一新，但时间一长，员工发现了领导者的私心，那么必然会对企业失望，对工作的热情也逐渐下降。

如果一个企业没有铁军，领导者就要从自身来寻找原因。而企业一旦有了铁军，成功将指日可待。

02
铁团队与铁班底

打造企业内的核心铁班底，构建自己的"十八罗汉"，领导者就要在意识到铁军重要性的基础上，进一步确认铁班底的特征。

什么是铁班底呢？铁班底就是企业组织中最重要的一股力量，是员工的职业终极目标。铁班底是一群对企业信念如钢铁般坚定奉行的人，他们坚定捍卫企业的利益和立场，是企业发展中重要的推动者、企业创始人的核心支持者。

打造铁班底同样是一门艺术，发现能进入铁班底的员工，离不开领导者对其能力和态度的仔细分析、精准观察，而不是凭借个人喜好。例如，"A员工和我是校友，他应该进入；B员工长得漂亮，她自然有这样的机会；C员工是亲戚的朋友，理应成为铁班底的一员……"如果带着类似思维选择铁班底成员，最终都会发现，这些人根本无法胜任，并且也不会真心接受领导者的嘱托。

创建铁团队之前，领导者必须清楚什么是铁团队，什么是铁班底。

1. 区分企业的员工类型

领导者必须有这样的认识，即无论企业的规模如何，只要招聘了一定数量的员工，自然就会出现"层次"。这种层次差异，指的是员工对工作态度的差别、对企业责任心的高下，它由每一个人的现实追求、成长影响等决定的，是客观存在的现实差异。

领导者应努力将"以人为本"的理念引入企业，努力提升全员的赚钱能力、成长空间。但是，这并不等于所有人的成长都是同步的，都能与企业的理念保持一致。尽管优化管理的目的，是让"优等生"比例不断增大，但员工现实表现的层次是不可能全部一致的。即使在"优等生"内部，也存在明显的层次高低。所以，想打造铁团队，首先应区分企业内的员工类型。

（1）混吃型员工，即终日混来混去的类型。

所谓混吃型员工，就是在工作岗位上当一天和尚撞一天钟的人，他们最常见的表现就是逃避工作、逃避学习。遇到领导布置的任务，往往找各种借口推托。即使面对针对性的培训课程，也总是以家里有事、听不懂等加以逃避。这些人，就是团队里典型的混吃型员工。

混吃型员工，不要说进入铁团队，即便留在企业，做一名普通员工，也会造成非常大的隐患。他的一举一动都会被其他员工看在眼中，让其他员工产生错误认知，即混吃、磨洋工也可以拿到同等薪资。如果领导者放任自流，那么其他员工也会学习他的样子，糊弄工作；铁班底成员也会受其影响，变得不再进步。

分享一则来自三度学员的案例。

李总是三度的学员。他管理着一家企业，自己也是个脾气和性格很好的人，仗义、体贴。正因如此，创业伊始就来到企业的老员工，始终追随着他。后来，随着企业规模的扩大，李总的企业员工数量达到500人。在这个阶段，他开始头疼，越来越频繁的离职事件出现，甚至有两名最早的老员工，也对他表示了离开的念头。

李总很纳闷：企业正越来越好，员工的待遇也不断提升，为什么有的人在这个时候忽然提出离职？

某个周末，李总约一名老员工谈心。老员工说："李总，我和您在一起很多年了，所以我不拐弯抹角。之所以有人想走，是因为×××和×××。不可否认他们两个人学历很高，能力上有出众的地方，但是您应该知道，他们两个人经常无故旷工。下面的人知道，他们是在忙自己的私事。您想想看，您连续交给他们三个重要任务，虽然他们算是完成了，也仅仅只是及格罢了，和企业的目标差距还很远。但是您不仅没有批评，反而进行奖励，因为您觉得他们是人才，只不过没有适应罢了。但在我们眼里，已经认定他们是您的亲信，是走后门进来的，所以有特权，犯了错也不会被批评。现在还有几个老员工也有些犹豫，因为觉得企业里有这样的人，那么自己就不可能做出多少成绩，何苦还要留在这里？"

老员工的一席话，让李总恍然大悟。随后，经过一段时间的调整，两名新主管不约而同地离开，企业这才重新走回正轨。

对混吃型员工，在经过两次纠正后依然没有任何改变，那么就应该让其立即出局。

（2）人手型员工，能力薄弱，往往是在被动跟随。

企业一线员工中，人手型员工的数量相对庞大。他们在企业的工作目的只是赚钱，没有多少精神追求，通常不愿意主动学习新的知识。只是在岗位需要的时候，才会被动学习。企业规模越大，一线员工中人手型员工的比例往往较高，其流动性较高。

因此，人手型员工也不适宜进入铁团队。但我们可以通过一定的方法，在满足其赚钱的愿望基础上，推动其主动成长，跟随企业进步，稳定一线员工团队。

（3）人才型员工，即拥有一技之长的员工。他们多数都能胜任一线部门的基础管理岗位，如生产车间小组组长等。这类员工愿意主动学习，但学习的深度和宽度有限，通常集中在某个特定的细分领域，很难有更大的突破。

多数人才型员工是从人手型员工中脱颖而出的，尽管他们尚不能成为核心铁团队成员，但在一线岗位中却是不折不扣的核心，对于这类员工一定要加强培养，尽可能地帮助他们成长。随着经验、阅历的不断提升，他们就有可能进入核心铁团队。

人才型员工处于成长的关键节点上，其能力光芒尚未完全爆发，企业领导要注意观察这样的人才，因为未来铁班底成员很有可能在他们中间诞生。

（4）人物型员工，已经具备了独当一面的能力。

与人才型员工相比，人物型员工的特点在于其注意力聚焦于学习。这种聚焦，不只聚焦于单纯技术，而是基于岗位实际进行的全方位学习。例如，企业HR主管，如果已是一名人物型员工，通常会有很强的学习欲望，不满足于提高岗位知识和水平，专注于学习HR方面的学习，会围绕人力资源业务核心，更多地聚焦到更高层面的企业管理上。

这样的员工，有更多潜力进入铁班底。领导者发现这样的员工，必须重点培养，给他们提供足够的成长空间，其中包括但不限于专项培训、行业高峰会议参与等。这样，才能激发他们不断成长的欲望，促使他们迈进铁团队的大门。

（5）班底型员工，即核心人物。

这是最高级别的员工，即铁团队的班底型员工、核心员工。在三度，像张雪明、邓赛赛、李兵、王超群这些优秀的员工，他们与企业一起经历了风风雨雨，是企业当之无愧的铁班底。只要有他们在，领导者就不必担心企业会无人可用。在一代铁班底的努力下，能源源不断地培养出二代铁班底、三代铁班底、四代铁班底……在企业经营管理过程中，领导者必须加强对自身的管理，稳固铁班底员工心中的领导者地位。加强对铁班底的管理，做到奖惩分明、按劳分配。

企业因铁班底而精彩，因铁班底而做大做强，铁班底的员工，就是企业的核心。

2. 维护铁班底，挖掘未来铁团队

领导者构建完善的企业管理系统，先人后事，在此基础上，就能更容易发现哪些人是真正的铁团队成员。

针对铁团队成员，领导者唯一要做的事情，就是不断维护他们的工作状态，确保其利益水准与企业的发展阶段相辅相成。企业发展有新突破，铁班底成员就应享受相应的物质和精神上的满足，其利益增长曲线与企业发展曲线始终保持一致。

领导者最忌讳的，就是产生"功高盖主"的想法。有些领导者格局不够，一旦发现核心成员的成长速度较快，就打压和限制其发展，这是最不可取的。任何

核心成员感到自己被怀疑，他对企业领导者的信任和忠诚就将顷刻崩塌，会毅然选择另起炉灶。结果，最终受伤的，还是领导者和企业本身。

要想避免类似问题的出现，最好的办法是领导者与企业、员工一起成长。这种成长，不仅包括业务能力，还包括综合素质，如对企业管理的理解、对员工成长的观察。为此，领导者的心胸、观察力、分析力应大幅提升，以便站在更高的维度上观察企业和员工。领导者和员工一起成长，将成为员工的力量源泉。这样，就能从根本上保证企业铁班底的稳定。

更高级的管理，在于不断形成铁班底。铁班底的数量越大，企业的稳定性就越强，发展速度就越快。领导者必须要让合适的员工获得成长的机会，不断扩大铁军班底的规模，这对于领导来说，同样是更具挑战的工作。

"世有伯乐，然后有千里马。千里马常有，而伯乐不常有。"作为领导者，必须是员工的伯乐，不断挖掘铁班底成员。多数情况下，铁班底成员都是从内部不断晋升的，经历过一线生产、小组管理、中层管理、专项管理的员工，往往是更具稳定性的铁班底员工。此外，对于人才型员工、人物型员工，如果企业规模过大，领导者一旦没有关注到这样的人才，很容易导致潜在铁班底员工的流失。

在日常企业管理中，领导者必须走进一线，而不是终日坐在办公室里做战略规划。战略的实现，需要员工的付出，领导者切勿本末倒置，认为制定了战略企业就可以完成。与此相反，企业的每一步发展，最终都需要落到"人"的上面。

对晨夕会、绩效会等员工管理和激励形式，领导者一定要亲自参与，观察和分析每名员工的成绩和特点，寻找值得培养的潜在人才，找到他们重点关注的内容，不断给予他们成长的激励。迟早有一天，其中的优秀员工将会成为企业最不可或缺的铁班底人才。

在了解什么是铁班底，领导者要做的就是用一双慧眼，在员工中挑选出铁班底成员。

03
挑选核心铁班底的三个要素

如何挑选核心铁班底？这是困扰很多领导的难题。毕竟，铁班底直接决定了企业未来的走势、企业内部的氛围，其成员必须慎之又慎。那么，我们该如何挑选铁班底成员呢？

1. 立场一致，保持忠诚

这种核心员工，在企业里的具体表现为与领导者一条心，成为领导者的心腹知己。选人的第一点，是要看人的立场，要看员工是不是与领导者一条心。道不同不相为谋，与领导者立场不同的员工，不仅不会成为领导者的助力，还可能成为阻力。因此，在选人时，领导者首先要确认的就是，待考察的员工与自己有没有保持一致的追求，是不是对自己忠诚。

现实中，多数领导者在选择员工时，更注重员工的能力和人品。这当然无可厚非，毕竟能力越强的员工，给企业的创利也就越高。人品越好的员工，越不可能在背后使绊子。

因此，在挑选铁班底时，只有和领导者立场一致，对领导者忠诚的员工，才是最优选择。

可能还有领导者会感到疑惑，应该如何才能判定员工是不是和我立场一致呢？其实，这并不难判断。对于领导者布置的任务，如果员工多次推托拒绝，却拿不出合理的理由，那么领导者就可以确认员工与自己的立场并不一致。尽管这名员工可能学历高、经验丰富、人际关系好，但如果他总是回绝、逃避领导者交代的任务，就意味着他和企业不是同一条心。

当然，所谓唯命是从，并不是指毫无底线和立场。事实上，所有人都会犯错，领导者也不例外。当领导者做错后，员工可以提出建议或意见，甚至可能发生争执，但绝不应该是袖手旁观、坐等变化的。他们的态度应该是：胜，则同你君临天下；败，则陪你东山再起。无论如何，我愿意陪你一起奋斗。这，才叫立场一致，绝对忠诚的员工。

但是，人的立场是可以伪装的。很多情况下，表面和领导者一致，并不代表员工对企业的绝对忠诚。

有一类员工，领导者应尤其注意。他们看似非常热爱企业，一心为企业的发展着想，当领导者布置工作后，他们表面上积极行，勇于提出自己的看法。这类员工，看似站在了企业的立场上，但实际上他的出发点仅仅是"为了表现自己的出色"。任用这类员工时，一定要十分慎重，不仅要察其言，更要观其行。

秦某是某知名大学财会专业的应届生，毕业后进入一家合资企业财务部工作。总经理决定对一些财务制度进行改革，以适应企业的发展速度，希望财务部的全体人员能够集思广益，想一些好点子，提出一些好建议。

虽然只是刚入职几个月的新人，但是秦某认为自己的学历高、理论知识丰富，所以一直对企业的财务制度颇为不满。听到总经理有意对财务制度进行改革，他意识到自己表现的机会来了。

几天后，总经理召开会议。总经理先把自己一份详细、完整的计划书宣读了出来，然后让大家多提意见。同事们纷纷开始发言："计划没有问题，我们可以执行，但是在细节地方，我们会做一定微调，到时候会让老板过目。"

就在这个时候，秦某忽然站了起来，当场表达了反对的意见。最后，他还提出来了自己的想法。

听完他的话，总经理想了想，说："小秦说得很对，未来我们肯定是要朝着这个方向发展，提出的建议很有建设性。不过当前，改革还不是最佳时机，有几个方面还不太适合咱们企业的发展状况。"

随后，总经理还就此提出了自己的想法。但是，秦某却觉得面子上挂不住了。

他认为自己的建议既详细完整，又具有创新意识，总经理之所以觉得不够好，那是因为他思想太保守。所以，在如何改革上，秦某步步进逼，与老板争论不休。

最终，会议不欢而散。几个月后，秦某选择主动离职。又过了一年，总经理听说秦某换了三家企业，但是每一次都是被扫地出门。他依然喜欢表明自己的"立场"。其中，居然有位领导者认为他是正确的，并给予了他很高的权限，但最后的结局却是一团糟。

总经理听说了他的经历后，淡然地说："这样的员工表面上是为了企业，其实就是为了他自己罢了。"

很多时候，经验不够丰富的领导者，都会被这样的员工蒙蔽，认为他们是从企业的角度出发，是站在领导的角度，维护企业的利益。但事实上，他们只是想要彰显自己，赢得他人的重视。在挑选铁班底时，这种一切以自我利益为取向的员工最不可取。

领导者在挑选铁班底时，一定要选择对企业真正有用的人。要选择与领导者立场一致，对领导者忠诚的人。只有这样，企业才能稳定、健康地发展。

2. 懂得分名分利，有容忍之心

在企业里，能凝聚人的人，才叫人才。

企业发展，依靠全员的力量，而非某个个体的忽然闪耀。很多企业都会面对这样的问题，将某个能力突出的员工提拔至领导岗位时，他忽然好像迷失了方向，团队的业绩一塌糊涂，导致整个企业的发展遭遇瓶颈。实际上，这样的员工往往只适合按照指令做事，而不擅长下达指令，也就是不擅长管理。

能力强的人才，不一定是领导者，领导者也不一定具体业务能力就强。所以，在挑选铁班底成员时，必须更多注意员工有没有成为领导者的潜质，有没有凝聚人心的力量。

有凝聚力的人，通常都是有胸怀、有格局、有担当，懂得分名分利的人。

得人心者得天下，这绝不是一句空话。在企业经营管理过程中，我们往往会发现，受员工尊敬、爱戴的领导，员工工作的效率很高。即使领导者不说，员工也会主动去做。而不被员工尊敬、爱戴的领导者，员工就会"赶着不走，打着倒退"。

所以，在领导者选择铁班底时，要注意被观察的员工，身边有没有"人"。如果一个人在企业做管理多年，但其身边却没有全心全意为之所用的人，那么这个人的格局、担当往往就有问题。

我有一位客户就遇到了这样的问题。

该客户曾担任××连锁超市企业昆明大区的总裁。当时，昆明有三家店，每个店一年营业额大概在2亿左右。尽管营业额高，净利润却比较低，只有营业额的8%。当时，该总裁许诺某店长，营业额超过2亿的部分，净利润的提成可以三七分。店长拿七成，总裁拿三成。

总裁做出这一决定的潜台词是，我可以将提成分给你，你也要学会，将钱分给员工，提高他们的积极性。毕竟一旦营业额超过2亿的部分，净利润就都会分给大家，这样，工作效率都会提高。

然而，让总裁大跌眼镜的是，店长并没有这样做，他反而把提成全拿在自己的手里，一点儿也舍不得分给员工。

总裁意识到这个问题的严重性，没两年就把他开除了。

今天，很多企业里，人才进不来、留不住的原因，就是上到领导者，下到股东格局都太小了，不懂得分名分利。

懂得分名分利的人，比能力过硬的人，更具有号召力，更容易给企业带来深远的影响。如果领导者不懂得分名分利，员工一定是松散的。这样的企业根本不能经历风雨，也不会有做大做强的机会。

领导者在挑选铁班底成员时，一定要找有凝聚力、有担当、有格局的人。要在招人、选人、用人的源头把好关。企业管理层任用，可以进行"空降"，但这个比例一定要非常低，要尽可能保证管理层的成员，都由内部进行挖掘提拔的。只有这样，他们才会理解、愿意企业主动分名分利，去团结自己管理的所有人。因此，即便是高薪"挖墙脚"而来的管理人才，也要经过一段时间的磨炼后才能进入真正的铁班底。

领导者在招人时，尤其应注意，高薪"挖墙脚"只是为了"查漏补缺"。企业内部某位置上，如果缺乏合适的内部人选，可以不得已"挖墙脚"。但如果将高薪"挖墙脚"作为主要做法，那么你将永远无法构建自己的铁班底。

3. 成果显著，独当一面

领导者交给员工某项工作，要求员工完成该工作任务。能实现成果的员工，就有可能成为铁班底，不能实现成果的员工，就不能成为铁班底。这里的成果，就是指创造价值。领导者创办企业的初心，是盈利，是发展，是为社会创造更多价值。所以，能实现成果的员工，可能还要经过考验，才能进入铁班底。而企业的铁班底，则必然能通过成果盈利。

想要拥有这样的铁班底成员，对领导者而言，又并非轻而易举。因为除了极个别优秀的人，员工能独当一面、创造成果的能力特性，大都需要后期培养。

以销售人员小明的经历为例。

小明大学毕业不久，便成了一家大企业的销售人员。他性格开朗，擅长交际，和周围的同事关系都很好。所以，经理很看重他，将一个空白市场区域交给他开拓。小明热情满满地出去拓客，但没几天，经理就发现小明脸上没有了自信、开朗的笑容。从市场上回来也不与同事搭话了，而是闷闷不乐地坐在工位上。

经理很纳闷，把他叫到办公室询问情绪低落的原因，这才知道他在开拓新市场的时候一直被客户拒绝。

经理微微一笑，对小明说："这很正常。就像你去逛超市，挑选洗发水、牙膏的时候，推销员过来推销，你是不是也会下意识地拒绝？但是，你其实是需要买洗发水、牙膏的。这就是人的自我保护机制，在面对陌生人的推销时，无论你需要还是不需要，你的大脑就会传递拒绝的信号，来避免自己受到伤害。但是成功从来不是一蹴而就的，拒绝是成功的敲门砖。"

小明听后，恍然大悟。之后他逐渐能够从容地面对客户的拒绝，甚至还感谢客户的拒绝。一些客户由于被他感动，最终和他签订了合作协议。

案例中的小明刚毕业，没有经历过多少挫折，面对客户拒绝，会感到压力太大。对于职场人而言，这其实是不成熟的表现。直白地说，真正成熟的员工，都是"脸皮厚"的。抛下所谓尊严，将工作看成很好的学习机会，才能获得成长。案例中的经理，也是从小明所处的阶段走过来的，因为自身经历过，所以他才知道如何应对拒绝、如何取得成果。

事实上，足够成熟的员工，不仅不会畏惧拒绝，反而更清楚地明白自己想要的成果，也知道如何取得成果。这样的员工，最终才能获得成果，为企业带来良好的经济效益。

所以，领导者在培养铁班底成员前，要先学习引导员工，让他们拿到成果。只有这样，成为铁班底后，员工才能保持这种正确的思维习惯，并在企业里独当一面。

另外，领导者挑选铁班底，还要观察员工具体的特点，包括看立场和忠心，看格局、凝聚力和担当力，最后还要看工作能力水平。

工作能力水平不足，并不代表个人缺乏能力，只是其能力暂时没有达到其岗位的标准。

在三度，曾担任××市地区分公司的王经理，其最初能力存在明显短板。难能可贵的是，他和企业立场一致，对领导者忠诚，也有着足够的担当力，这些都是他成为铁班底的关键因素。

有一次，一位客户想来听课，却没有带够钱。王经理直接给客户转了5000元，请他去报名听课。他对客户说，先去学，学得好，再还给我钱；学得不好，这钱我就不要了。客户对此非常感动，在听完课之后，立即报名。

王经理确实没有运用多少话术和案例，去说服客户听课。表面上看来，是王经理营销能力的缺陷问题。但他却能端正立场、果断担当，用自己的钱把客户"砸"下，这足够弥补其任何不足。而当他在地区分公司经理岗位上，不断锻炼成长后，相关能力也得到了显著提升。

所以，挑选铁班底，要先看员工的立场和格局，再选择最有能力的员工。企业领导者，必须要记住这个顺序优先关系，不要只看到他员工的业务能力过硬，就忽视其人品、综合素质的重要性。

04
成为铁班底的六个必要

培养员工成为铁班底成员，需要从多个维度入手，帮助其从认知、自信和能力等方面出发，建立正确的成长观。领导者对于企业内潜在的千里马，要从六个必要因素着手，帮助其快速成长。

1. 认识周期

对重点栽培的员工，领导者应确保其首先明白：成长是持续提升的过程，而不是一蹴而就的事情。同样，领导者自己也应建立这种认知。

从领导者角度来讲，不要寄希望于一次培训就可以让员工明显进步，要正确对待员工的成长。领导者应关注员工每一次的进步，并在其进步过程中，帮助找到问题。领导者应要求员工，按照不同阶段，制定小目标，并督促其实现。只有通过不断学习、不断实践，员工的能力才能获得提升，最后由量变转化为质变，拿到成果。

例如，领导者可以在一年的周期内，给员工委派五个重点项目。每个项目结束后，领导者都要与员工一起总结从本次项目中学习到了什么，这些经验是否可以运用在下个项目中，在项目具体实施时又出现了怎样的问题，下次项目开始后应如何规避等。在此周期中，员工可能会出现能力发挥不稳定、状态上下起伏的现象。但是，只要没有与预期产生过大差距，领导者就应当接受并包容这种起伏，而不是对员工大加指责。因为被人指责和被别人拒绝一样，都会导致其自信心的丧失。

从员工的角度来看，也同样如此。当员工意识到领导者将自己当成铁班底培养时，员工很容易产生急迫心理，想尽快做出成绩来回报，有时不免出现急功近利的行为。如果发现员工出现这样的苗头，领导者应主动与其交流。在表扬他进步的同时，告诉他成长的积累性，告诫他不必刻意追求某一次项目超常发挥，而是应该着眼每个项目的完美度。

员工成长的周期，并不是绝对以时间长度来衡量，也可以用项目为标准。第一个项目需要达到怎样的标准，前三个项目需要有一次明显突破，直到五个项目的完美结束，再判断员工是否已经真正成为企业的铁班底。

认知周期是培养铁班底的第一步，领导和员工必须正确认识成长的过程，摒弃急功近利的心态，这样才能真正帮助员工成长。

2. 核心人物

铁班底成员，必然是企业的核心人物。他们分散于不同的部门，也是各自部门的顶梁柱。

当领导者发现员工具备铁班底的潜质，就应让其在部门内承担较为重要的责任。一开始，不必让其担任绝对领导者，但应让他处于较为重要的岗位。例如对于销售人员，可以让其承担某个重点项目的阶段销售，由领导者直接负责业绩对接，但管理依然由部门经理负责。为避免越权管理，领导者不必对该员工的工作事必躬亲，而是应重点观察他的工作状态和数据，在项目结束后再进行单独的交流。

对已身居高位的员工，则可直接由其担任核心岗位的职位。但需注意的是，对高薪"挖墙脚"而来的空投型人才，不宜立刻让其担任绝对核心的工作。因为他们对新的企业文化、管理结构、人员特点、业务流程都是陌生的，贸然将他们空投到核心岗位上，有可能引起一些老员工的不满，不利于企业内部的稳定。领导可以将其安排在比预定岗位稍低两个层次的岗位，从非核心岗位做起，逐步向核心岗位递进。同时，领导者应主动与其交流，了解空投员工随后的职业规划，向其说明自己对其岗位晋升的计划。

这样做，不仅能消除老员工的不服、不满，也便于新员工更好、更快地融入企业。同时，为向领导者展示能力，新员工也会主动参与企业的活动，主动学习和适应企业文化，以便让自己更快地独当一面，成为企业核心人员。

3. 能力成长

企业发展壮大的同时，铁班底员工的能力也在不断成长。即便短期内可能有一定波动，但从较长的时间维度上来看，个人成长曲线必然应稳步上升的。

能力的成长，同样需要领导者和员工从两个方面共同努力。

首先是领导者。领导者自身的成长，是在员工之前的。领导者要以身作则，保持学习的热情，不断提升自身能力，成为员工的充电桩。只有这样，员工才能从领导者身上获取力量，督促自己成长。在员工成长的同时，领导者也要时刻注意员工的变化，尽可能绘制一份人才成长数据图。根据数据图分析每个项目结束后员工与上一阶段的变化，包括在哪些方面取得非常明显的进步，哪些方面则存在原地踏步甚至后退的现象。对于这些结果，领导者应在企业内部会议上，与相应员工进行深入交流，使其保持不断的进取心。在对员工进行奖励的同时，还要与其深入分析不足之处。这样，员工才能意识自己虽然正在成长，但在细节之处依然有不足，还需要不断地改进，从而保持谦虚谨慎、追求进步的心态。

其次是员工。员工能力的提升，是领导者愿意成就的结果。所以员工要牢记初心，不因一时的成绩而沾沾自喜，而是始终保持"虽然取得成绩，但依然有不足"的想法。一名铁班底的成员，是非常自信甚至自傲的，他们不会满足眼前的成就，而是放眼未来。他们在工作中不断发现自己的问题，并进行卓有成效的改善。面对企业内部开设的培训课程，要以积极参与，不断将理论知识转化为实际行动，并在工作中进行灵活运用。如果领导者发现员工有这样的心态，就能进一步确认，这样的员工是企业最需要的千里马，是未来进入铁班底的最佳人选。对这样的员工，应给予更多的关注，帮助其成长。

4. 定位定心

定位定心，指的是员工对企业和领导者的态度。能加入铁班底的员工，其工作立场是要与企业是一致的，对领导者是忠诚的。如果一名员工在工作中总是敷衍了事，看到其他机会就心猿意马，随时想找机会跳槽。那么，这样的员工，无论能力再强，也不能进入铁班底，否则将会产生严重的负面效应。

多数情况下，当企业处于成长期时，员工并不会产生跳槽的想法。但是，任何企业都会经历高峰与低谷，在企业处于低谷期时，就是考验员工真心的最佳时机。如果企业一遭遇问题，员工立刻表现出跳槽的冲动，那么给予他的地位越高、越重要，就越可能给企业带来危害。

学员丁总，和我分享过这样的案例。

丁总曾领导一家外贸企业，在泉州拥有多个生产基地。2006年，丁总高薪聘请一名销售主管，对其委以重任。恰逢当时外贸行业发展蓬勃，这名销售主管不断为企业带来新业绩，地位也随之不断提升，近乎到了"一人之下，万人之上"的地步。

对此，丁总也曾产生担心，但看到企业业绩正在上升，所以也没有多加限制。

2008年金融危机袭来，外贸企业遭受重创，沿海倒闭企业上千家。丁总的企业同样受到冲击。凭借过去客户资源的积累，尽管业务量骤降，但还未到无力维系的地步。让丁总没想到的是，忽然有一天，他接到多名生产主管的辞职信。丁总对此很惊讶，因为他并没有裁员计划，虽然遭遇了行业困境，但他有信心走出这个阶段。

辞职的员工们却表示："销售主管之前和我们说了，现在大行业不行，估计咱们厂也难坚持，他已经准备离开了。他都不看好了，我们肯定也担心。趁着现在还有点机会，我们赶紧找新的工作。"

无论丁总如何挽留，只有两名一线主管表示会考虑一下，其他多员工都毅然选择了离职。不过一个星期之后，那名销售主管也选择离职，且表现得毫无留恋。

接二连三的核心成员离开，导致丁总遭遇了比金融危机还要严重的困境。这时候他才意识到自己犯了怎样的错误。

类似的案例，不少企业都有过。企业只是暂时出现问题，高管却立刻表现出跳槽的欲望，领导与其交流后，如果得不到信任，就应立刻让其离开。否则，未来遇到新问题时，即使企业还能支撑，他们也会煽风点火，动摇军心。到那时，我们损失的就不只是一名高管，而是整个企业的核心。

你要明白，铁班底之所以是企业的铁军，一方面在于他们的能力，更重要的是其对企业的忠心和立场。市场出现问题时，铁班底员工更应临危不乱，不断寻找方法突破困境。一旦这支核心军队产生动摇，对其他员工的负面影响会更加强烈。

挑选铁班底成员时，要确定员工的态度和立场，确定员工是否和自己一条心。只有这样，在面对困难时，铁班底才能给其他员工带来积极的影响，才能提升全体员工的凝聚力。

5. 提升境界

中国传统文化中，"境界"是看不见、摸不着的思想觉悟与精神修养。人们无法用一个量化的标准来衡量境界。但境界却又真实存在。大多数领导者确实存在境界上的高低，大多数员工与普通的领导者在境界上也有明显差异。

铁班底同样如此。技术出色的人才很多，但境界高的员工却不多见。他们深耕所在部门，但分析问题时，却不局限于自身，而是会考虑到更多关联，不拘泥于某一点。例如，生产科主管对于某个生产项目，除了基础生产规划外，还会结合采购税收提出更加合理的建议，这就是高境界的体现。

企业最核心的铁班底，必须尽可能拥有如此境界。发现这样的员工很难，但领导必须不断分析每一名千里马的特点，从细节处挖掘他是否具有较高的境界。如果他有这样的潜质，那么就要第一时间将其纳入铁班底之中。

6. 托起领导

铁团队最后一个要素，也是最重要的要素，就是"托起领导"。

所谓托起领导，不单单是指为领导赚钱，让企业盈利，更多是指能够真正理解领导的思维。

在挑选铁班底的三大因素中，最基础也是最重要的内容，是与领导者立场一致，对领导者绝对忠诚。具体表现在企业管理中，就是铁班底员工应成为领导者的心腹，处处服从和维护领导者。

例如，铁班底员工应意识到企业的成长、自身的成长是建立在领导者的努力基础上的，正是有了其正确管理，自己才能获得物质和精神的满足。因此，在发现领导者管理细节上的问题时，可以思考，但绝不会当众反驳，而是在会议结束后私下沟通，或是在领导者征求意见时，提出或沟通。这样的员工，才是值得托付的员工，才是真正能够促进企业成长的员工。

05
铁班底如何成长

不断成长，并能托起领导者的员工，是真正的铁班底成员。那么，领导者该如何帮助铁班底成长，并让其托起领导者？以下 10 项修炼，是铁班底成员需要掌握的。

1. 把领导者当作人生导师

一位成功的领导者，一定是有格局、有担当、有凝聚力的人。能将优秀的员工收至麾下，领导者本身各方面都要优于员工。只有这样才能让员工信服，成为员工心目中的领袖。

所以，铁班底想成长，就要把领导者当作人生导师，要向他学习。这种学习是全方位的，不仅仅是在专业技能的层面，还要包括人生格局、人生追求。员工需要分析：为什么领导者在实现初心后，还要不停地奋斗？为什么全年计划要设定这样的标准？在对待目标的态度上，领导者有哪些地方值得学习？

只有真正理解了领导者，员工才能建立如领导者一样的格局。领导应建议员工，如果对工作、对未来感到迷茫，不妨主动与自己进行交流。

同时，员工也不必担心为此被拒绝、被嘲笑，事实上，优秀的领导者不会拒绝有上进心的员工，他们会耐心请听员工的问题，给予解答。领导者的解答，来源于他们走过的路，是他们不断失败后总结的经验，能让员工少走很多弯路；反之，如果领导者对员工的求教表现得不耐烦，那么可以确认，这名领导者没有做人生导师的资格，员工就可以另谋高就。实际上，这也给领导者提出了要求，想得到铁班底，就要做好员工的榜样。

2. 主动揽责

铁班底作为企业核心，通常都是领导者的左右手。领导者外出时，多数都会带着铁班底成员。铁班底成员一定要注意场合和具体场景,发现领导者出现错误时,一定要主动揽责,绝不能让其出丑。这样做既保住了集体的面子,又维护了企业的尊严,还会给领导者以及合作伙伴留下好印象。

例如,领导者宴请客户就餐,不慎将水洒在了客户身上。这时我们要做的不是站着发愣,而是应当及时给客户递上纸巾,将领导者手中的水壶拿走,并抢在领导者前面向客户道歉,主动揽责。

3. 所有意见,只在私下交流

员工要明白,领导者虽然是人生导师,但是他做不到全能,也会有情绪,也可能犯错误。

员工要做的,不是在公开场合与领导者对着干,一味地揪着领导者的错误不放。一旦让领导者难堪、无法下台,那么最终承担后果的,只有员工本人。

正确的做法,应是等公开场合的活动结束后,私下给领导者提出建议,而不是简单的批评。例如,领导者的项目计划脱离实际,那么我们需要抓紧时间修正方案。领导者出现错误后,本身就会出现内疚心态。如果此时员工将建议或解决方案制定好,再态度诚恳地指出错误,提出建议,领导者就会感谢你的指正,虚心接受你的建议。同样,能这么做的员工,应该有很大机会进入铁班底。

4. 把功劳让给领导

企业取得成绩,尤其是自己立下汗马功劳而在接受表彰时,聪明的铁班底成员不会沾沾自喜,将功劳全部归于自己。他们懂得分名分利,把主要功劳归于下属的同时,也不忘记领导者的栽培。

"这次项目超额完成,一方面是因为团队们的通力协作,尤其是×××、×××、×××三个人,几乎每天都吃住在企业,把企业当作自己的家,他们才是这次最值得表彰的员工。而更重要的,则是老板!是他拍板决定这个项目的启动,且在项目推进过程中全程跟进,如果没有老板,这个项目就连开始的机会都没有。所以，最后我们把掌声送给我们最亲爱的老板！"

这是一场在表彰会上部门经理的发言。在论功行赏时，他牺牲了自己的利益，把自己放在最后，把员工放在中间，把领导者放在最高的位置。每个人都得到了应有的甚至超出预期的奖励，下属满足，领导者有面子，皆大欢喜。这样的员工，必然是铁班底成员。

5. 帮助领导者奠定行业地位

一个企业的发展，离不开整个行业。尤其在供应链理念主导各个行业的今天，没有一家企业可以完全脱离其他企业独立生存、发展。必然会与合作企业、竞争企业产生各种各样的联系。在行业中最受关注的企业，其领导者本人也有着较高的关注度，拥有一定的社会地位。领导者的行业地位越高，企业获得的机会就越多，供应链谈判的主导权就越高；反之，行业内轻视领导者，那么意味着整个企业也将处于不利地位。

所以，想成为托起领导者的铁班底，就需要有独当一面的能力，帮助他奠定社会地位。例如，进行重要的采购谈判，员工应表示："我们老板您也知道，他在这个行业不是一天两天。所以我们提出的价格，并不是由我一个人决定的，而是我们老板经过反复推敲，且与其他行业大咖交流后得出的。我相信您不会怀疑他的专业性，我们的这份报价是处于较为合理的区间的。"

每一个项目、每一次谈判、每一场行业沙龙，我们应始终将领导者的地位放在第一，要不断地强调他的能力、水平和影响力。这样，领导者就会在行业内不断积累口碑，最终反哺企业、反哺员工。

6. 托起领导者面子的细节

作为领导者，必然需要有一定讲究，即"讲面子"。哪怕再和蔼可亲的领导者，也希望得到员工的尊重，尤其在公开场合更是如此。领导者不需要员工随时随地地"拍马屁"，但应该需要他们在细节上托起自己的面子和尊严，遵循基本的职场规范。

例如，领导者进电梯时，员工应让领导者先进，且主动挡住电梯门。领导者上车时，员工应先帮领导者拉开车门。领导者递文件时，双手接收适当鞠躬。无论何时、何地碰到领导者，员工都要主动打招呼问候。尤其在外出差之时，员工要主动帮领导者拿行李，这一点往往被许多人忽视。

当然，给领导者托起面子，需要注意好度。千万不可让尊重变成无底线的讨好。懂得把握分寸，尊重但不谄媚的员工，才是真正值得信任的员工。

7. 主动做记录

在多年企业培训中，我发现了这样一个现象，企业内最优秀的员工，往往都有随身带包的习惯，包里必然有笔和记录本，用以记录工作。

通常来说，身为铁班底员工，往往已经身处重要岗位，负责的工作不只是一个狭窄的领域，而是需要关注很多方面的问题。而领导者的工作更加复杂、庞大，很有可能每天下达5～10个命令。在领导者下达指令的时候，很多员工都过于相信自己的记忆力，没有用笔或者手机备忘录记下来。到真正实施或者向下属传达的时候，往往无法原字原句地传达领导者的话语，而是加上了自己的理解。"三人成虎"，口口相传的结果可想而知，很有可能会给接下来的工作带来巨大麻烦。

所以，员工一定要随身携带笔与记录本，记录领导者交代的事情。要养成良好的记录习惯，以年、月、日为单位，具体时间为执行点。如果坚持这样做一年，员工会发现，记录本就是一份很好的年度工作回顾。

8. 与领导者主动分享成长的快乐

工作中，当员工取得业绩进步，都应主动与领导者分享，让他们看到自己的进步。员工不妨将成长过程和结果，写成简短的报告，简要说明自己在哪些工作中获得了哪些成长，这些成长又会给工作带来哪些新的变化，对未来有怎样的启迪。

有的员工性格腼腆，或者出于对领导者的畏惧心理，不擅长面对面交流。此时，可以通过电子邮件的方式发送，也可以打印直接送至领导者办公室。当领导者看到这样的成长分享时，会与员工产生同样的快乐，并对未来产生积极的信心和力量。

员工乐于分享自己的所得，领导者就能从员工所得中汲取所需营养，这也将有助于领导者自身能力的提升。

9. 拿到奖金主动感谢

凭借努力，铁班底员工获得了企业的嘉奖，拿到了一笔丰厚的奖金。在高兴之余，员工还要做一件重要的事情，即主动发信息感谢。

"谢谢老板，奖金已经收到！感谢您这几年来对我的栽培，让我有了展现自我的机会。给您发这条微信，不是为了奖金，而是为了和您说声'感谢'，如果没有遇到您这样的老板，也许现在我就在一个半死不活的企业里混吃等死。这一年我感觉成长了不少，但是和您还有非常大的距离。接下来我还会继续努力，为企业的发展添砖加瓦！最后，再次向您致谢！"

对于这样的信息，领导者应该在收到后主动回复。一方面，员工因为物质奖励而获得的满足，让其拥有继续努力的动力。另一方面，对领导者表示感谢，领导者也从中获得成就感，进而确认这名员工愿意接受自己的重点关注，未来还会有更大的进步空间。这样的人，自然能够成为铁班底成员。

10. 主动托起领导者的形象

某些时候，当公司参与一些活动时，也许主办方、组织方和参与人员知道公司名称，但却不一定知道领导者的名字。此时，如果领导者与员工一同参与，那么员工就应主动向其他人介绍。介绍要尽可能详细，说明领导者的身份、行业地位，让领导者享受别人的赞美。托起领导者的形象，就是为了使他成为这场活动的焦点，由他代表整个企业的形象。员工愿意托起领导者，领导者才会愿意托起员工。在以后的活动中，领导者也应更多带着这样的员工前往，给予员工认识行业顶级人才的机会，让员工的能力进一步增长。

如上这十条法则，不只是单纯的职场选人用人技能，而是从人性出发的学习。作为领导者无须太过高调，但他应该意识到，自己是整个企业的NO.1，员工托起领导者，就是托起企业，就是托起自己！只有擅长托起领导者的员工，成为铁班底，企业才能越走越顺。

管理就是凝聚人心

第四章

千人一面：如何让团队统一思想，统一行为

企业拥有铁班底还不够，还要拥有一个思想统一、行为统一的团队，这样才能保证企业朝着正确的方向稳步前行。企业管理的精髓，就在于塑造一个千人一面的团队，实现上下同频、上下同心、上下同欲。当我们建立了一个这样的团队后就会发现，没有完成不了的目标，没有实现不了的理想！本章主要讲述如何借助工具和方法，快速打造一个高效的团队，让团队更加快速地完成目标。

01
团队为什么要统一思想

想快速地打造出一个高效的团队，让员工更加快速、有效地达成目标，就应建设系统性的管理体系。所谓"授人以鱼，不如授人以渔"，三度所培训和传授的，正是建设系统性管理体系的方法。

建设系统性管理体系方法的基础，在于统一思想。唯有统一思想，企业才能真正实现"千人一面"，确保所有员工都带着共同的追求不断奋斗。正如一支军队，必须建立统一的价值观和理想，以保证军队的稳定与团结。

1. 为什么企业要统一思想

很多企业领导者会陷入这样的困惑：企业发展越大，内部员工的精神面貌越涣散，远不如创业初期之时的激情四射，各类机能及原有规范也在逐渐老化。为此，领导们采用了很多手段，例如制定更加复杂的企业管理条例，高薪聘请专业管理人才，但情况依然没有获得较好的改观。

这种问题的形成，在于团队思想的不统一，这并非靠单纯制度就能解决，而需通过思想层面的升级来做出改变。总是抱怨企业管理难做的领导者，其企业内大多都存在思想不统一的现象。员工们的认知杂乱无章，缺乏向心力。思想上的不统一，不仅出现在一线，也包括中高管理层。例如，生产部门负责人认为该项目应当精益求精，要求采购部门购买顶级的配件。采购部门负责人认为这是多此一举，质量只要合格就可以。财务部门负责人则认为完全不必多浪费成本，市场上最便宜的原材料，就是最好的选择。三个部门的负责人各持己见，甚至相互攻击，企业内部当然犹如一盘散沙。在这种思想不统一的情况下，无论招聘多少职业经理人都于事无补。

更有甚者，连领导者和普通管理者，也都没有统一思想，有人想要稳扎稳打，有人想要迅速赚钱，导致企业没有明确的战略目标，自然就迷失了发展的方向。

考核绩效的标准，来源于战略目标的分解，而战略目标的分解，取决于思想认知。从上至下的思想不统一，将导致企业发展失去应有的节奏，各种绩效考核沦为空谈，朝令夕改是家常便饭。

相比这些，统一思想，统一的是对企业的发展认知。员工之间必然有所差异，但他们的思想认知应该是一致的。领导者秉承这一点，才能让员工从心底里认同、执行企业的标准，确立清晰的标准意识，强化其做事或解决问题的针对性和有效性，以支持企业业务流程、工作程序、作业指导标准的实施。

有鉴于此，越来越多的企业开始关注 MIS 理念识别系统。事实上，它与"思想统一和原则"是一致的，只是采用了更加现代、更加数字化的模式，确认企业思想是否有效深入人心。

MIS 理念识别系统是指导企业视觉识别系统、企业行为识别系统创建的基础。员工之言行，均受其思想、意识指导。在 MIS 理念识别系统中，企业将会建立统一的行为标准，包括人的标准、事的标准、物的标准等，帮助员工建立正确的思想意识。在此基础上，需要领导者和所有高中层管理者，不断从意识上强化统一，形成自上而下统一的经营宗旨、服务理念、企业精神，这样才能打造出统一的企业团队，让铁班底恒强，其他员工不断增强。

目前，很多企业都在追求标准化工作模式，但这些必须通过理念识别系统等手段，建立在思想统一之上，如产品质量标准、技术标准、产品满意度标准、客户需求标准等。如果企业缺乏思想统一，即便现有制度会有一定效果，但用不了多久，越来越多的员工，开始产生自己与众不同的想法，现行制度就无法继续延续下去。

2. 统一思想前的准备

领导者能在某个行业站稳脚跟，并创立一家企业，也算是该行业的专家了。

大多数领导者在如何具体工作方面,确实是企业里当之无愧第一人。但会做事不一定会管人,管人需要统一思想,而统一思想并不像我们想象得那么容易。

面对统一思想的任务,领导者该如何着手准备呢?

(1)当团队思想无法达到统一的时候,应该先从统一团队的行为开始。什么是统一行为?每一位员工都是独立的个体,都有不同的思想,在工作中表现出不同的意识形态。如果老板想要让员工表现得像一家人,就要先从统一行为开始。

统一行为,最基本的出发点,在于统一形态。在很多酒店等服务企业,会要求所有的员工工作期间必须穿戴酒店的制服和饰物,会对员工的头发做出要求。例如,女员工头发前不过眉,后不过肩,不留怪异头型;男员工前不过眉,侧不过耳,后不盖领,保持清爽整洁等。另外,还会对员工的坐姿、走姿等做出要求。

行为统一了,团队才会开始变成整体,而非零零散散、各自为战的虾兵蟹将。行为统一了,团队才会有力量,才能向更高的目标奋勇前进。正因如此,当思想无法达到统一的时候,我们可以试着先从统一行为开始。

(2)企业文化需要员工的具体行为来落地。企业的文化,代表着领导者的文化;领导者的文化,则是企业文化的核心来源。很多时候,当我们看到一个企业,评价其是一家有文化的企业,原因和依据由何而来?主要源于企业内从上到下的高层领导者、中层管理者、基层员工,源于对其每个人具体的行为观察,当他们每个人都尊重和彰显文化,企业也就表现出了文化的气息。

如果企业文化不被员工接纳,也不愿意用具体的行为去实施,所谓企业文化就只是写在纸上的文字。

我就遇到过这样的企业。领导将企业文化打印在KT板上,辅以精美的图案和框架,贴在办公室最引人注目的位置。员工来来往往,也有人向它投去好奇的目光,但在看到"企业文化"这四个大字后,兴趣归于平淡,扭头就走。

这就是企业文化不被员工接纳的结果——只有口号，没有行动。这样的企业，如果不做出改变，自然不会长久发展。

一个企业有无文化，文化是积极的还是消极的，都可以在员工的状态、行为中表现出来。简单而言，如果有两个孩子，一个是见面会问好，知书达礼懂礼貌，另一个是见面不理人，唯我独尊。当他们进入学校和社会时，必然第一个孩子更受欢迎，因为他讲礼貌，有家教。家教，他的行动，体现出了家的文化。

个人行为决定家庭文化，无数家庭的行为，体现民族文化。

中华民族是讲究文化传承的民族，具有相同血缘的人聚集在一起，形成了不同的宗族。我国的百家姓中，每个姓氏就代表了一个宗族。我国有上下五千年的历史，而这些姓氏却流传至今，其原因就在宗法家规。正是由于宗族子弟世世代代遵守这些规则，我们的民族才能留存至今。

大到民族文化、宗族传承，小到一个企业、一名员工，文化的传承都需要靠具体的行为来落地，靠具体的仪式感和形式感来落地。

02
团队如何才能统一思想

统一思想，是团队文化建设的核心。那么，领导者该如何做，才能让团队建立统一的思想？

1. 统一思想的前提是同频、同心、同欲

想实现思想统一，领导者和一线员工必须建立上下同频、上下同心、上下同欲的体系。同频、同心、同欲，这是统一思想过程中最核心的关键词。

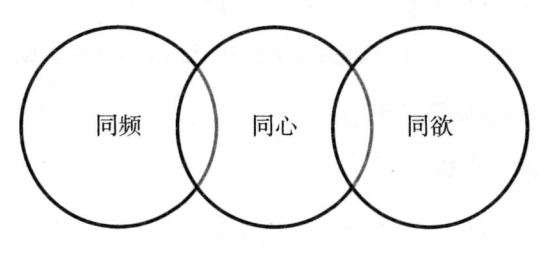

图 4-1 统一思想的前提

所谓上下同频，就是指从上（管理层）到下（执行层）思想在同一个频道上。领导者和员工对企业的发展、项目的推进，要有共同的认识。

只有共同认识不够，还必须有共同的注意点，这就是所谓上下同心。上下同心，要求领导者要把心思放在员工的身上，员工才能同样把心放在领导者的事情上。很多企业领导都遇到对过这样的问题：既然我们集体认同了项目的目标，那么为什么员工还是不够努力呢？

出现这种问题，就意味着团队没有实现上下同心。其主要原因不在于员工，而在于领导者。领导者想要让员工理解、认同、关心自己，想要他们关注任务，首先要做到理解、包容、认同、体贴员工，去关注他们的利益和感受。

例如，当员工都在办公室里加班加点地工作，领导者不仅没有与员工一起加班，反而在和朋友聚会、喝酒，第二天上班后，又指责员工没有达到预期目标，员工自然不会和你同心。

所以，领导者想要统一团队思想，就要先学会付出，给员工做出表率。当领导者呈现给员工的是正向的、积极的姿态，那么员工就会把领导者当成榜样，才会愿意接受领导者的管理，一起为了目标而奋斗。

上下同欲，是指领导者和员工要有共同的追求理念、事业梦想。如果无法实现上下同欲，领导者会发现自己是一个人在奋斗，而绝大多数的员工却不愿意进步。因为，领导者的欲望与员工完全不一致，员工仅仅将自己当作一名"打工仔"，企业的发展和自己有什么关系？我的基本追求满足了，为什么还要奋斗？缺乏共同的追求理念和事业梦想，团队管理自然不可能有好的效果。

同频、同心、同欲，这是团队建设的三大核心。想要实现团队的千人一面，我们就必须在这三点上做足文章。

2.团队如何统一思想

管理的本质是管人，想把人管好，就要管人的思想，要做到员工与领导思想的统一。那么，领导者该如何让团队的思想统一呢？

思想统一的方法，就是把目标统一、行为统一、方法统一，变成企业日常的工作内容流程。为此，许多企业都有个性化的工作流程。

在富力集团，OA系统划分各种不同板块，包括请示报告、采购申请、合同审批、用款申请等。当企业或部门采购物品时，需要经过以上四个流程，才可以完成购买。这些流程引导下，员工自觉遵守，并成为他们日常工作中的行为准则。

参考这一案例，领导者可以把目标、行为和方法，变成日常的标准化流程，让员工每天在这样标准化的流程里，工作、学习和成长，最终统一思想。

2013年，三度在上海创立，从较小的咨询机构，发展为今天这样的大型咨询企业。做到这一切，是因为他们有共同目标，所有员工能为同样的目标而努力、奋斗和坚持，并获得了最终的胜利。

其中最有代表性的事例，是在邀约客户成交的过程中，员工不畏惧拒绝，给客户不停地打电话，不停地拜访，凭借这种"小强"精神赢得了客户的认可和尊重。

但是，在将目标、行为和工作方法变成员工日常准则时，领导者要避免给员工单独洗脑。这恰恰是思想统一过程中，很多领导者都喜欢做的。当团队很难做到思想统一的时候，有些领导者会更喜欢对团队"逐个击破"，如果是以部门为单位，不失为一个好方法，但用在员工个体上，却不是最适合的方法。

领导者逐一给员工灌输企业文化，其缺点很明显。首先，会耗费自己和员工的时间。每位员工都有属于自己的本职工作，或轻松或繁杂。利用上班时间谈话则会拖延员工的工作进度，也会让领导者看起来除了谈话无事可做，无事能做。若是占据员工的休息时间谈话，有极大的可能会引起员工的不满，反而违背了领导谈话的初衷。其次，是不利于团队内部的和谐。抱团是人类的天性，非我族类其心必异是人性。企业团队，会对和领导单独接近的员工，产生隔阂心理。

所以，单独"洗脑"是最不可取的。只有将思想管理、行为管理、目标管理，变成对集体的日常管理工作内容，团队才能实现思想统一。

企业应如何将员工的思想、行为和目标变成日常工作内容和流程呢？

会议关系到思想统一，是组织管理体系里的重中之重，通过开会可以统一思想。但开会也要讲究方式方法的，否则很容易出现以下情况。

张总是一名"60后"，在20世纪90年代就开始创业，且取得了不错的成绩。三十年下来，他有了一套自己的管理模式：每周定时给员工开"洗脑大会"。在每次会议上，他都会讲述自己的经历，然后不断地告诉员工：自己走过的路很艰辛，但是很值得。如果大家愿意和自己一样，那么企业就会不断发展，个人也会不断发展。

曾几何时，这个方法取得了很好的效果，很多员工在他的鼓励下不断进步，目前企业多数的中层领导，都是在这个阶段成长起来的。

然而，到了今天，张总忽然发现，自己的这套方法貌似已经行不通了。新的员工们在听自己的故事时，往往显得有些心不在焉，似乎没有那么大的激情。这种态度，直接反映在工作状态上，新员工没有多少主动进取的心态，往往做不过一年，都会选择离职。张总很苦恼："现在的年轻人怎么了？他们为什么一点儿话也不愿意听？"

这是因为领导者与"90后""00后"员工的成长环境已经截然不同。"90后""00后"从出生之时就已经接触到互联网文化，并非不熟悉这些故事，同时，他们的物质生活与前人相比明显优越许多，对过去的"苦"，只有了解而没有共鸣，又怎么可能愿意接受老板的思想进而统一呢？

场景化，这是领导需要重新认识的一个词。如果一个场景是让人陌生的，对方很难置身其中产生共鸣。"90后""00后"员工的成长场景与老板既然不同，过去的管理模式能够成功，是因为当时的员工与老板有类似的场景经历。所以，与其归咎于"90后""00后"员工"不服管教、难堪大任"，倒不如主动改变管理模式，用适合他们的方式进行思想的统一。

因此，这就要求领导建立一套完整的会议系统。三度培训体系中，"六大会议系统"是团队建设的重中之重，它既是完整的模型，又是便于实操的技巧，会给企业带来非常大的帮助。我们将会在本书的第五章内容中进行具体讲述。

其实，年轻员工之所以"不服管教"，是因为没有人教他该如何"听话"。而开会则能练就团队的服从文化，能时刻让员工认识到领导的地位，对领导始终保持尊敬。我们同样需要通过开会，来促进团队达到上下同频、上下同心、上下同欲。

03
团队如何才能上下同频

什么是上下同频？所谓上下同频，就是从领导者到员工，思想从上到下处在同一个频道。很多时候，领导者和员工之间会出现互不理解的情况，就是因为领导者和员工的思想不在同一个频道，这就是人们常说的"代沟"。代沟是指两代人之间的思想、价值观念、行为方式、生活态度以及兴趣、爱好等方面的差异、对立和冲突，体现在职场中，代沟会加大领导者和员工彼此之间的隔阂，降低沟通和协作效率。

领导者该如何做，才能和员工处在同一个频率呢？

1. 向下同频

首先，领导者需要先解决向下同频的问题。向下同频，即自上而下地传播，要让员工理解领导者的意图，并快速进入执行状态。

向下同频的关键，在于领导者。想要确保理解自己的意图，就要站在员工的角度上考虑问题、设计方案。向下同频的关键如图 4-2 所示。

向下同频的关键：
- 对下属的成长负责，让员工有成长的空间
- 对员工的工作结果负责，做员工的后盾
- 对团队的目标负责，给予他们明确的方向
- 建立团队文化，让员工感受收获的快乐

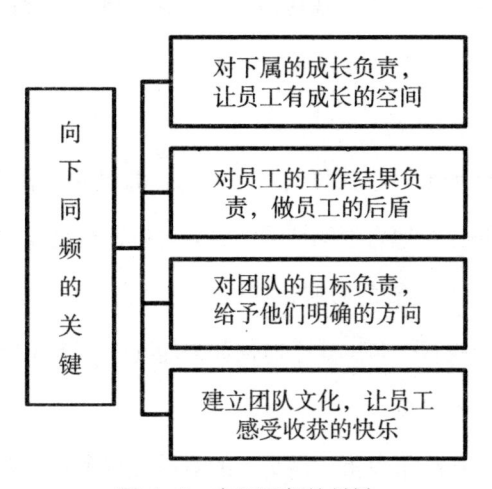

图 4-2　向下同频的关键

（1）对员工的成长负责，让员工有成长的空间。很多领导者认为，自己下达的指令，员工根本不理解，最后的结果也往往表现不佳。但是，如果只有一名员工如此，原因可能是员工能力存在欠缺。但如果多数员工都没有理解、完成，领导者就要从自身思考了。

其中最关键的原因，很可能是领导者没有主动对员工的成长负责。大多数情况下，领导者比员工拥有更多的资源，因此能力提升更有基础、更快。但是，领导者的能力提升之后，会想要将企业带到更高层面，就会要求员工同样提升工作能力追赶自己。但员工出于金钱、时间、认知、资源等方面的局限，无法迅速实现能力的提升，领导者对此认为是员工的意愿不足，往往不顾实际情况，随意安排员工无法胜任的学习任务。

久而久之，员工就会对成长产生抵触心理，对领导者的归属感就会下降。这对企业的发展是极为不利的。

"小李，这个项目交给你。的确有点难度，尤其这个方面可能是你的短板，但正因为如此我才想让你锻炼一下，这样你才能成长。这个方面如果遇到问题，你可以直接对接×××，他会给你协助。但是我希望，你可以自己先去挑战，解决了这一关，未来你就会有更大的成长空间。"

实际上，领导者如果可以这样与员工表达，并且在工作中提供一定的帮助，那么员工怎么可能对任务抱有抵触情绪？领导者应该帮助员工发现自身短板，并想办法提升，当员工有突破的时候，加以适当鼓励。尤其是在成长期阶段的公司，员工的工作本身就很辛苦，这个时候如果能在领导者指导下，获得成长，那么他们自然会与领导者同频。

（2）对员工的工作结果负责，做员工的后盾。很多领导者喜欢分配任务，任务一旦分配下去就不闻不问了，最后出现问题了，就直接拿员工开刀，指责员工工作不尽力，辜负了自己的信任。

在这种情况下，员工当然很难与领导者同频。恰恰相反，员工还会产生离心："我不过是个打工仔罢了，项目成了，钱你赚了，我就只有那点工资。凭什么你布置任务后就什么也不管，所有事情都交给我做？"

这种想法不断发酵，最终的结果就是全员懒散、人才流失。领导者对安排给员工的工作，要做到过程检查、关键节点点拨、资源协调，关注员工的产出和预期是否一致，出现不一致时，还需要做上下对齐工作，帮助员工解决问题。

真正的领导者，都懂得这样的道理，即自身的工作，是支持和帮助员工，去解决项目执行中无法克服的问题。领导者虽无须直接参与一线工作，但要做好员工的后盾和技术支持。不能意识到这一点，就不要奢望员工能做到与自己上下同频。

（3）对团队的目标负责，给予他们明确的方向。领导想要让员工同频，最关键的一点在于让员工明确目标。这个目标，就是领导提供的明确方向。没有明确目标，或者目标错误，员工就会和领导南辕北辙。所以，制订每一个项目计划时，领导一定要明确目标是什么，为什么要达到这个目标，这个目标会给企业、个人带来什么。在员工明确团队目标后，管理者还需时刻审视，检查团队是否在朝着目标坚定前行。一旦发现偏差，领导就要介入扭转，确保团队达成目标。

（4）建立团队文化，让员工感受收获的快乐。为进一步保证上下同频，领导者应负责企业、部门的文化塑造与维护。尤其在项目顺利完结、达成预期目标时，一定要召开有仪式感的表彰大会，强化同频，让员工意识到其所达成的业绩，就是领导者渴望达到的业绩。同时，表彰会也有助于团队内部的稳定和团结。

2. 如何做到向上同频

从下至上的信号，领导者也应快速接收并认同、理解，这就是向上同频。

想要实现这一点，需要领导和员工的共同努力。

```
                    ┌─── 不是单纯服从，而是
                    │      影响领导者
         向上        │
         同频   ─────┼─── 管理好领导者的预期
         的
         关键        ├─── 向上同频，必须只提
                    │      建设性意见
                    │
                    └─── 向上同频，要主动
                          争取资源
```

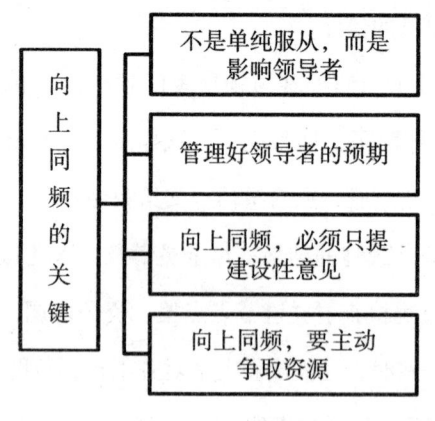

图 4-3　向上同频的关键

（1）不是单纯服从，而是影响领导者。统一思想，使员工愿意主动为企业考虑，即在工作过程中主动发现问题、指出问题、解决问题。这需要员工做到，并有效影响领导者。

但是，员工如果单纯地按照领导者指令做事，完全服从上级，并不能影响领导者。真正正面影响领导者的基础前提条件，在于理解业务，理解领导者意图。尤其对于中层管理者而言，这一点尤为重要。如果基层员工对领导者盲目服从，可能不会有太大问题，因为一线员工有时候不容易看到整体。但如果管理团队只是一味地服从，其团队绩效绝不会太好。

越是重要的员工，越是要站在全局看问题，在理解领导者意图的同时，分析局势和资源，寻找最佳途径。例如，领导者做出了进军手机行业的决定，员工就要理解领导者是出于多元化发展的目的。一般情况下，领导者提出自己的计划之前，心中已有一个大致的方案，员工要就这个方案，分析可能会出现的问题和最终获得的结果。员工虽不必改变领带的大方向，但在细节之处，则需要对其产生影响。而这个工作，恰恰正是领导者获得向上同频的重要因素。

领导者获得向上同频的第二个前提条件，是确保员工能取得自己的信任。在日常工作中，员工应与领导者多沟通、多汇报，让信息变得透明，领导者也应由

此看到员工正在持续性和自己保持统一思想的。这样，双方才会相互产生信任，相互愿意影响。

某天，陈总办公室忽然进来一位稀客，他是外协部主管林总监。林总监是一个性格较为内向的人，平常很少说话，开会时习惯坐在角落里，也很少单独找陈总汇报业务。不过，林总监是个较为细心的人，能力过硬，所以他一直稳坐总监的位置。

林总监对陈总表示，自己负责对接的多个外协厂，都出现经营不善的现象，这个时候企业应当适当缩减业务量。陈总听完她的话有些不高兴，因为林总监这是在否定今天晨会上企业决定扩大规模的决定。陈总认为林总监太过谨慎，心中不以为然，就含糊地表示"知道了"，把林总监打发走了。

结果几个月后，林总监的担忧成真。因为供过于求的缘故，行业内多数企业出现产品积压的问题，陈总的企业也没能幸免。

因此，员工要想让领导者信任自己，想做到可以影响领导者，就一定要与上级频繁互动沟通。反之，领导者想要获得员工的向上同频，也应同样如此。沟通是人与人之间情感交流的桥梁，只有上下级之间做好沟通，才能相互了解、彼此信任，产生同样的思想认知频段。否则，即使领导者与员工的思想再统一，即使员工的结论再准确，也依然无法向领导者传达，无法让领导者产生信任并对企业带来收益。

（2）管理好领导者的预期。

同频，即意味着思维同步、行动同步、结果同步，领导者和员工要达到同样的认知趋势。所以，领导者要管理员工预期，员工也要影响领导者的预期，反复跟领导者确认他对你的期望是什么，与领导者达成共识。

共识就是共同的认识，共识就是生产力，这对两者来说是非常重要的。一个项目开始前，员工就要与领导者敲定"最终要达到怎样的效果，会产生多少的波动，有多少的消耗"。

领导者应提倡实事求是的沟通态度。对能做到的事，要求员工做出保证；不能做到的事，要求员工说明难点在哪里，哪个值是可以努力做到的。千万不要做不到却又随意承诺，这样只会造成双方对结果期待的"不同频"。如果偏差过大，甚至会对企业发展造成裂痕，对员工个人职业带来打击，也让领导者失去培养的人才。

孙某在名牌大学读书，是个心气特别高的人。大学毕业后，他进入一家IT公司工作。因为表现良好，没过几年他就被提拔为部门总监。成为总监之后，领导者给他布置了整年的计划，但是他发现这个计划的难度非常大，不是现在的他可以完成的。

但是，因为内心的要强作祟，小孙没有说话就接受了。整整一年，领导者布置的计划没有任何进展，反而还距离目标越来越远。但在这个过程中，孙某并没有和领导者重新校正预期，而是继续苦苦支撑。最终被领导者认为能力不足、工作态度不好，他只好黯然离开。

其实，小孙的工作态度和能力，并没有领导者想象得那么差。但由于领导者没有主动沟通，而他也没有主动与领导者交流，对企业造成了损失。因此，确认合理的预期，不是相互否定，而是相互影响，让彼此的频率相同。领导者必须建立这样的意识，否则永远都无法与员工达成共识。

（3）向上同频，必须只提建设性意见。员工想与领导者保持同频，就必须积极发挥影响力，但这有一个前提：只提建设性意见。

通常情况下，认为领导者的某个决定有待商榷，员工需要做的不是一味否定，只讲困难，而是应当提出合理的、具有可行性的建议方案，将工作中的问答题，转化为判断题或者选择题让领导者拍板。

很多员工做不好这一点，只知道否决领导者的决定，而不知道提出具体的方案，这导致明明出发点是为企业着想，而最终却让领导者恼怒。

事实上，人们都喜欢得到肯定和赞扬，没有人会喜欢有人和自己唱反调，这是人之常情。如果员工对领导者原有的方案，提出了合理化建议，使方案更加完善，而且言之有据。那么，领导者不仅不会产生反感，反而会对其更加信任。

此外，从员工角度看，如果只向领导者反映遇到的困难，而不提供解决办法，就会造成员工工作能力有限、思想消极的形象。作为员工，应努力注意避免这一点。

（4）向上同频，要主动争取资源。向上同频时，员工要争取资源，这样才能保证频率的一致。例如，当领导者布置了月增加5%的目标，但以我们目前的能力，只能实现3%，此时，在接受领导者工作安排时，员工就要积极争取资源，包括人、钱、时间等。钱代表着投入预算，人代表着工作者数量，时间就则是机会成本。在有些情况下，领导者自己也是资源。例如，某项目开始后，领导者需要通过自己的关系，帮解决客户对接的难点，以此来实现目标。

不要担心争取资源，会引起领导者的不满。对提出资源需求的员工，领导者也不应该感到厌烦，因为这意味着他已认同决定，并在寻求一定的支持来实现目标。领导者担心的，是听到指令就立刻回绝的员工，这意味着对方根本没有理解自己的想法和目的，对这类人将不再重用。而领导者更应担心的，是嘴上答应、心里没底，同时却不愿意做任何交流的员工。这样的员工，看起来接受了指令，但既没有完成指令的能力，也没有主动求助的欲望，这甚至比不做还会引起更差的后果。

我见过这样一个年轻人，很值得学习。他不过20多岁，就已经在某知名互联网公司任部门经理。他最擅长的就是向领导者争取资源。每个任务确认后，他都

133

会按照领导者的目标制订一份详细的计划表，并说明哪些部分需要总部支持，从不会感到拘谨。

例如，某次大型活动需要 50 万元预算，但实际预算只有 40 万元，于是他主动申请：部分礼品预算不足无法购买，但是库房去年还有大量的玩偶，是否可以作为礼品发放，这样就能弥补预算的不足。领导者看到他的计划书，立刻认同并做出批准。

这样的员工，是与领导者同频的员工。员工应努力实现这一点，领导者则应重点培养这样的人才进入核心团队。

通过以上方法，员工与领导者之间就可以做到上下同频，通过共同的努力促进企业的发展。

04
团队如何才能上下同心

做到了上下同频后，需要领导者做到和员工上下同心。

上下同心不只是简单的指领导者和员工一条心。而是指领导者首先要把注意力聚焦在员工身上，员工才会同样将关注点放在领导身上。代沟"是两代人的思想差异"，而现实中，领导者也经常发现，在"90后""00后"年轻员工的身上，"代沟现象"最为普遍。即使年轻员工自身能力很突出，工作完成得也很出色，但是，他们很少会主动做工作范围之外的事。这，实际上就是因为领导者和员工没有上下同心。

那么，领导者该如何与员工，特别是与年轻员工实现上下同心呢？

1. 领导者不应总是要求员工做出自我牺牲

为什么领导者与员工之间的代沟越来越大？很大原因是因为领导者不会将角色代入年轻员工，不会站在他们的角度上考虑，却总是要求员工做出更多的牺牲。

现实中，很多领导者都不想付出太多的资源（不只是金钱），反而在精神上来控制员工，并对不愿被控制的员工表示深深不满。这些领导者意识不到自己的问题，理所当然地认为，既然企业给予了员工工作机会，给了员工工资，员工就要24小时待命，不随时随地地服务，就是不珍惜工作，不愿意付出……

但是，这些领导者似乎并未想过，员工并不是孤立的个体。他有朋友，有家人，工作也不是他生活的全部。更不用说，员工加班的所得，也可能并不多。当员工已经做得够多，而领导者认为员工做得还不够，还达不到自己的期望时，双方的上下同心可能就不复存在了。

宋某在一家上市企业的分店担任综合行政工作。这家分店刚刚成立不久，各部门人员配备都没有到位。分店里除了店长和区域总监外，就只有宋某一个人。

为了更好地进入工作状态，店长特地把宋某送到同区域的门店学习了一天。第二天，宋某就开始接触不同的工作。不仅负责门店的招聘、面试、入职工作，还负责门店的仓库管理和物品采购工作，同时还负责不同门店之间的交接工作，以及门店初期的宣传等工作。

可以说，宋某一个人撑起了一家门店。

店长和区域总监对综合行政岗位的工作内容并不了解，大多时候都是宋某一人自己摸索，在摸索过程中也出现了不少错误。每当这时候，店长总是给她打气，鼓励她可以在工作中学习到很多东西，对她的能力提升有很大的帮助。并且由于企业在国内有很大的知名度，就算以后离开，在简历上也会是浓墨重彩的一笔。

就这样，宋某拿着三线小城市的平均薪资，做着相当于几个人的工作，每天加班到十一点。而店长只会说些鼓励的话，把宋某高负荷的工作当成了理所应当，甚至希望她能做得更多。宋某坚持了半年，终于还是因为不堪重负选择离职。

这样的领导者，现实中比比皆是。他们往往对团队有很高的期望值，这种期望值会扭曲他们的认知，当员工不满足期望时，他们就会选择牺牲员工的利益，来短期促进企业利润的增长。但是，这种将员工作为"工具人"的心态，永远不可能培养出属于企业的铁班底，永远不可能实现上下同心。

该如何做，才能实现上下同心？唯一的方法，就是领导者在要求员工的同时，更要关注员工，企业应该以帮助所有员工追求身心幸福，作为自身的经营目标。

所以，当员工提出"不想加班，想加薪"的要求时，领导者要做的不是反问，而是应当先了解为什么产生这样的心态。如果员工的要求合理，那么应当满足员工的需求。如果员工尚未达到标准，应提出一个合理的目标，待员工达到后立刻执行。

对员工而言，领导者的立刻执行比承诺更重要。员工与领导者交流后，再看见承诺的兑现，就会感受到温暖和信任，且愿意主动奋斗。但是，如果他们最终得来领导者的一句"再看吧"，那么员工必然会对领导者无比失望，刚刚形成的同心感，立刻土崩瓦解。

想实现团队的上下同心，我们不要总想着"员工是否为企业牺牲"，而是应当思考，员工的努力是否得到了应有的回报？我们是否给予了员工足够的尊重？员工在公司内是否可以感到内心的满足？考虑好这几个问题，团队上下同心就迈出了坚定的一步。

2. 学会礼遇善待员工

不要求员工做出牺牲，这只是基础。更重要的，是学会礼遇善待员工。领导者要明白，企业的发展和壮大，员工发挥着至关重要的作用。如果他们的利益都无法得到保障，如果总是要求他们牺牲家庭、牺牲业余时间，那么任何一名员工都会有情绪。

礼遇善待员工，不能只是停留在口头上，而是应在细节处得以展现。员工需要托起领导者，同样，领导者也要对员工做出积极的反馈。

（1）对员工的尊重做出积极反馈。员工在企业、私人场合遇到领导者，会主动问好，这个时候，我们也要同样做出反馈，面带微笑点头示意。此时，领导者的目光应看着员工表示感谢。如果只是敷衍地点头，员工会感到自己的尊重，领导其实根本不在乎。所以，无论领导者有多忙，看到员工的尊重，一定要做出积极表态。

```
礼遇善待员工
├── 对员工的尊重做出积极反馈
├── 愿意主动帮助员工
├── 帮助员工挽回局面
├── 批评可以当众，但私下必须安抚和建议
├── 与员工分享荣誉
└── 给予员工更多的曝光机会
```

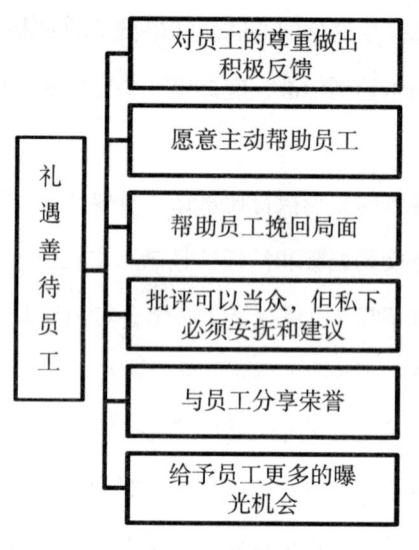

图 4-4　礼遇善待员工

（2）愿意主动帮助员工。员工如果将领导者作为人生导师，愿意学习我们的技能、人生格局和追求，对这样的员工，领导者就要主动帮助。换而言之，当员工向我们进行问题咨询时，如果我们表现得非常不耐烦，甚至说："这么简单的问题你都要问，你还能做好工作吗？"只会让员工感到失望，久而久之，员工最初的同心将会逐渐淡化。

（3）帮助员工挽回局面。铁班底员工在出了问题后会主动揽责，从自己的身上找问题。对于这样的员工，领导者需要同样做出积极的反馈，帮助他挽回局面。例如，部门领导表示因为工作失误，主动要求扣除自己的当月工资10%，并在全员大会中做出道歉，那么此时领导者最应当做的是一起向员工道歉，同样扣除本月自己的工资。这样做，加深了领导者在员工心目中的榜样印象，让员工愿意把心贴近领导者。

（4）批评可以当众，但私下必须安抚和建议。任何一家企业，对出现明显失误的员工，都会进行批评，以避免其他人犯同样的错误，影响企业的发展。但是，领导不能只关注批评，忽视接下来的安抚和建议。

例如，在全员会议上，某个主管主动承认错误，领导也对其进行批评，并当众表示暂停其职务。在会议结束后，领导要主动将该主管叫至办公室，对其进行安抚，表示："这样做是为了让其他员工看到企业的底线不可破，无论是谁曾经取得过怎样的成绩，如果出现明显错误，必须接受处罚，这一点希望你能理解。"

在安抚员工之后，我们还要对其之前出现的问题进行讨论，做到对事不对人。这样做，既可以让员工感到之前丢失的面子被找回，又可以让他在平静过后找到解决问题的答案，会让员工更加忠诚。

（5）与员工分享荣誉。当员工取得成绩后，应该主动将功劳让给领导者。同样，领导者也要投桃报李，与员工分享荣誉。员工懂得分名分利，领导者也要做出这样的表率。

"刚才，×××说这个项目的完美完结主要归功于我，其实不尽然。虽然我是老板，做大方向的把控，但是如果没有你们每一个人的努力，那么这个项目我做多少规划都是无意义的。尤其是×××，他是这个项目的负责人，某种程度上来说比我的压力更大，需要关注的细节更多，所以他才是这次项目的关键所在。让我们再次把掌声送给他！"

任何一名员工听到领导者主动将功劳让给自己，都会产生钦佩的心理，对领导者的胸怀感到无比佩服。这样的领导者，自然能赢得所有员工的心，愿意与之形成同频、同心，跟随他的步伐不断成长。

（6）给予员工更多的曝光机会。领导者参与行业高峰会谈时，不妨带上几名的铁班底成员，在遇到行业大佬时可以将其介绍给对方，向对方说明这位员工的能力、地位，让他也能够接触到更高端的社交场合。这种"我很信任你，所以带你接触更多人"的态度，会让员工的信任感更加深入。

3.把对团队的期待变成一份明确的要求

很多领导抱怨，现在的试用期，不是员工的试用期了，而是成了我的试用期了。领导者在这些员工面前连话都不敢往重了讲，一讲就辞职，领导者反而连尊严都没有了。哪像"70""80"的老员工，怎么讲都没事。

的确，七八十年代的员工对领导者的敬意、对工作机会的珍惜，在当下年轻员工的身上往往很难看到。归根结底，是因为过去我们注重"家文化"，这些职场上要知道的礼仪，员工从小就耳濡目染。但是，现在"家文化"发生了断层，新的员工大多数都是独生子女，在家里没有接受过社会化的教育和培训。很多领导没有意识到的一点，总以为员工天生就具备了这些特质，不明白员工的"不行"是"不懂"。当员工无法做到时，才会对他感到失望，所以才会产生代沟。

例如，小张不加班，总经理问他："你为什么不加班？我年轻的时候天天晚上干到九十点，你看你们现在的年轻人，5：30下班，6：00就回家了。"

而小张心里则会有这样的想法："我身边的朋友5：30下班，5：20就走了，而我6：00才走，你还想怎样？"

这就是现在很多年轻人的想法。

有的领导者对员工有太多的期待，而员工却做不到，那么双方之间就做不到上下一心。领导者应将对员工的理解，放在期待之前，再变成明确的要求。事实上，在你要求他们的行动之前，他们不可能主动做到这些。因此，不要做"对牛弹琴"的事，而是要学会用"牛语"跟他们交谈。要尊重员工，融入员工的内心世界，用心去理解员工们在想什么、要什么。

05
团队如何才能上下同欲

《孙子兵法》曰:"上下同欲者胜。"一个团队只有做到上下同欲,才可以取得最终的胜利。这里的"欲",并不是指"欲望",而是共同的事业理念、事业梦想、事业追求。

例如,三度今年想开20家分公司,公司的员工都在为实现这个目标而奋斗。这就是从上到下共同的事业追求。

再例如,一家店的店长只满足于现在拥有的10家店,而总裁却想再开10家店。这就说明总裁和员工没有共同的事业理念。

不同的人有不同的欲望,即使身处同一个环境,也会因阶层的不同而产生不同的欲望。但是,欲望并不是不可控的。领导者可以通过种种手段来调控员工的欲望,使其呈现出同比、同步的状态。这样,二者就会实现思想上的统一。反之,领导者的欲望远远高过员工,或员工的欲望远远高过领导者,都不利于企业统一思想的建立。

那么,团队如何才能做到上下同欲呢?

1. 制定专门的会议系统

很多领导者并不懂如何开会,经常是有事开会,无事消失。这导致会议的效果很不好,经常被员工吐槽说开会就是浪费时间。因为平时不开会,导致开会缺乏体系化。领导者在会上口若悬河,却讲不到重点,进而导致员工认为缺乏价值、浪费时间。

为此,三度专门开发了一套专业的会议系统,该系统已在企业管理实践中使用十多年，有大量的成功案例。

只要记住以下八个步骤，企业的会议就会开得很有效果。

（1）凡会议必有准备。

（2）凡会议必有主题。

（3）凡会议必有议程。

（4）凡会议必有纪律。

（5）凡会议必有记录。

（6）凡会议必有决议（决议事项、责任人、完成期限、监督人、成长措施）。

（7）凡会议必有追踪。

（8）开会如果不落实，效果为0。会上布置工作会后不检查，效果为0。

管理者只有把会开好了，思想统一了，团队能够同时做到同频、同心、同欲，它的战斗力才是最强的。

2.设定科学、完善的目标架构

除了会议，领导还应设立科学、完善的目标架构。把目标转化为具体的事和任务，把任务转化为每个人的职责，把每个人职责转化为行为，把行为转化为结果。

首先，领导者应厘清公司各岗位的目标。

领导者是具体的行业专家，但这并不必然代表他深入了解公司各岗位的职责和工作目标。一个企业之所以存在不同的部门和岗位存在，就是因为领导者不可能样样精通。所以领导者才需要广招贤才，让专业的人做专业的事。如果领导者想要把员工的目标转化为具体的行为，就要先厘清公司各岗位的目标。

其次，明确厘清达成目标的方法和策略。为此，领导者切忌独断专行，而是要和员工充分交流，深入沟通，选择最适合员工的方法和策略达成目标。

再次，打造一套日常的管理系统，把领导者想要传递给员工的思想、价值观都融入其中。通过日常的工作流程、工作内容，把领导者的思想、企业的文化，潜移默化地植入到员工的思想中去，以此来达到思想的统一。要打造团队的 PK 文化，现场落地流量系统（流量卡、储值卡等），为企业量身定做流量推广。

最后，传递企业正能量，解决企业内部内耗问题。有人的地方就有江湖，有人的地方就有纷争。所以领导者要维护好员工之间的关系，让员工有共同的愿景、使命和价值观，能够为共同的目标而努力，避免内耗。

上述体系，就是设立科学、完善的目标架构的五个方法。其实，无论是成就员工也好，统一思想也罢，都是为帮助领导者管理员工而建立的管理系统。但是，管理只是工具，领导者要通过工具的导入和梳理，来帮助自己统一思想，明确目标，寻找方法从而达成目标。

管理就是凝聚人心

第五章

系统为大：管理企业不能不懂的六大系统

企业管理不仅需要老板正确的思路，更需要精准的方法与技巧。在三度培训体系中，"六大系统"是企业管理的核心架构与模块，分别对应了绩效管理、全员表彰、成果汇报、员工正向竞争、每日晨夕激励等，涵盖企业管理的各个方面。掌握了六大系统，将会直接破解企业管理最棘手的难题！

01
晨夕会系统如何落地

经营企业就是经营人性,管理团队就是管理状态。在三度的六大系统中,首当其冲的晨夕会系统,就是一个调整员工状态的会议系统。在三度,每天早上8点半,各个分公司的晨会从队列训练、口号训练、鼓掌训练等内容开始。

所谓晨夕会,顾名思义,就是上班开始的晨会与即将下班时的晚会。很多企业都有晨夕会,但效果并不明显,原因就在于没有将其形成系统,只是员工每天不得不做的"任务",并不理解其目的和重要性。所以,我们要从晨夕会系统的目的入手,逐渐找到其正确落地的方式。

1. 晨夕会目的

企业之所以要举办晨夕会,是为了加强管理、增强员工凝聚力,也是为了明确每人每日目标,明确每人达成目标的方法和策略,调整团队状态。

在晨夕会过程中,员工可以互相学习,进一步加强对目标的认同,是员工成长的重要舞台。一个成功的晨夕会系统,将会实现如下目标。

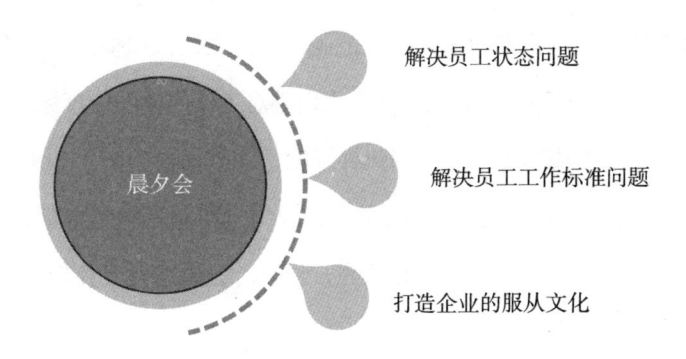

图 5-1 晨夕会的目的

（1）解决员工的状态问题。员工状态低迷，源于缺乏调整状态的工具、场合和事件。军队为什么要每天训练？为什么要经常开班会？这是为了保证官兵的精神状态，可以随时随地能投入到实战中。同样，企业也需要有明确的方法，始终为员工注入正能量，晨夕会就属于该类型方法。

由于晨夕会每天定时举行，领导者能直观地根据当天员工需要面对的工作、展现的状态，对会议和活动的内容进行调整，让员工始终保持旺盛的热情、集中的注意力和端正的工作态度。

在三度，晨夕会每天都会举行，其中有一项重要内容就是诵读。领导者带领员工，大声诵读《世界上最伟大的推销员》，读《坚持不懈直到成功》，读《世界上最伟大的奇迹》，读《假如今天是我生命的最后一天》，读《我要以全身心的爱来迎接每一天》……

琅琅书声中，职业倦怠感消散了，身心疲劳感消失了，人与人之间的琐碎矛盾灰飞烟灭，心与心的距离在不断拉近。员工们也渐渐爱上了读书，他们喜欢读完书、调整状态，然后再开会。

（2）解决员工工作标准问题。任何企业、任何岗位，如果缺乏工作标准，员工行动就会如同一盘散沙。这是因为每个人内心对工作内容的衡量标准是不同的。

例如，同样是引流客户，要达到何种程度，才算潜在客户？如果根据员工个人习惯，答案注定是五花八门。有的员工认为，只要对方接过电话、来过门店，就可以算是潜在客户。也有的员工会认为，除非对方愿意就具体产品和服务交换意见，才能算潜在客户。

为解决类似问题，很多企业制定了工作标准和内容，通过员工手册、岗位手册等形式加以记录和调整。但问题是，没有多少员工会每天带着这些去工作，文字版的标准，他们可能会一时记住，但却很容易在现实中丢下。

而晨夕会系统，就是帮助他们牢固树立标准的工具。

在晨夕会上，领导者都应将工作标准问题作为重要的会议议程。首先，明确工作标准，即每天重复工作标准的具体内容，如相关文字描述、数量、名词、术语等。领导者应不厌其烦地通过晨夕会系统，向员工灌输这些，从而保证员工理解，在工作中贯彻执行。其次，讨论工作标准执行情况，领导者应在晨夕会上，对员工前一天的表现提出评价，结合工作标准内容，对员工是否达成标准进行具体的分析和评点。对达到标准的员工，加以表扬。对未达成标准的员工，则加以批评，对其不足之处给出改进措施，提出应有的期待。最后，还应利用晨夕会听取员工对工作标准的理解、看法。如邀请不同的员工，谈自己是如何努力推进工作，使之符合工作标准的，也可以请员工谈自己将如何调整状态，以适应工作标准。这种做法，既能帮助员工明确工作标准，形成良好习惯，也能让其他员工从中受益，形成相互影响带动的良好氛围。

（3）打造企业的服从文化。企业内不同部门、岗位，都有具体的工作内容，甚至还有工作时间的不可控性。再加上员工的个性、习惯、背景、社交等特点差异，很容易造成企业服从文化不足问题。

企业服从文化不足时，员工行动随意、职责不明、执行不力，领导者权威动摇、信任减弱、效率降低。

缺乏服从性的问题，并不一定表现得很明显，而是会在日常细节中不断发作，影响一个企业的健康工作氛围。

例如，领导者向员工布置工作任务，员工的第一反应不是马上行动，而是提出困难、寻找退路、索要条件等。尽管员工表面上很尊重领导者，如："老板，您看这样行不行……""老板，我提一个建议……"但其潜意识里，是没有将领导者的话当成权威，看作执行方向和结果去追求，而是认为所有工作内容，都可以像商业谈判那样"谈一谈"，甚而可以"教育"领导者。这就是典型的缺乏服从性。

当然，这并不意味着在企业中，一切都是领导者说了算，员工必须噤若寒蝉。但我们必须要将人性化管理、集思广益的企业文化，同服从性加以区分。领导者在做出决策之前，有必要通过员工的建议来获得足够充分的信息，有必要征询或听取员工的看法，也需要在执行开始之前，向员工了解情况、分配资源。但这些实际上都是领导者自身对决策的参考和调整措施，而不是一种持续对等的博弈。如果领导者做出决策后，员工不执行，而是先谈条件，或者一边执行，一边谈条件，那么无论何种组织，都将面临失败的结局。

通过晨夕会系统上口令和行动的配合，领导者能培养员工的高度服从性，做到令行禁止，某种程度上甚至形成高度服从的条件性反射。只有这样，企业的服从性文化才算根深蒂固。

我们可以对照企业晨夕会，明确是否能实现上述目标。

很多企业内都有这个问题：不知道为什么举办晨夕会，仅仅只是喊口号，没有涉及其他更多的内容。所以，这样的晨夕会一开始也许会有效果，但通常不过一个月的时间，领导、员工都疲于奔命，认为这只是无意义的活动。没有理解晨夕会的目的，自然没有丰富的内容，晨夕会系统也就无法落地。

2. 晨夕会系统的制度

理解了晨夕会的目的，就需要围绕目的建设体系。首先，我们要做好晨夕会的制度。

（1）每天都要举办晨夕会。时间可以灵活掌握，但不要超过30分钟。

（2）晨夕会的发起并不拘泥于一种形式，既可以进行整个企业的统一晨夕会，也可以按部门进行。

（3）晨夕会应注重形式设计。传统晨夕会上，经常是领导者，站在一排员工前背手训话。这种队列形式，从视觉和心理上，就将领导者与员工放在了对立面，造成明显的割裂感。

通常而言，如果企业或部门员工人数在八人以上，可按照两排面对队列进行，领导者站中间。如果企业或部门员工只有三四个人，可站成圆圈，领导站中间。这样的形式，能让员工感到凝聚而非对立。

（4）部门所有成员都要严格执行和遵守晨夕会制度。

（5）中小企业晨夕会，领导者要亲自主持晨夕会。如果企业规模较大，可以由各部门负责人进行主持。

很关键一点，虽然部门负责人主持晨夕会，但是领导者也应当有选择地参加每个部门的晨夕会。

3. 晨夕会主要内容

确定好制度后，要进一步完善晨夕会的内容。

（1）晨夕会的固定内容。这些内容是晨夕会的核心。

① 互相问好、握手。包括早上好、心情好、状态好等内容。晨夕会的问好应简洁明了，主持者应以饱满的精神向员工问好，用自己的声音和语气去感染客户。

通过每一句问好，对员工加以肯定，从心理潜意识层面激活他们的工作热情，鼓励他们的工作态度。问好本身内容看似简单，但其实也是需要通过用心，才能做好的事情。如果晨夕会从问好开始就很敷衍随便，那么这样的晨会就很难有效果。相反，真心投入的问好和握手很容易让彼此产生好感，对团队的士气提升非常有帮助。领导者也要主动和员工问好、握手，让员工感受到领导者的亲切。

问好是晨会的第一步，它的作用至关重要。首先，就是聚拢注意力。会议之前，员工可能处于各种状态，没睡醒有些迷糊的，踩着点刚冲入职场的，通过一个集体的问好将大家的注意力拉到会议中来。其次，则是能够快速发现员工的状态高低。尤其当领导者与员工问好时，一定要注意观察：有的员工是精神饱满、嗓音洪亮的，有的员工是情绪低落、声音低沉的。发现这些问题，接下来就要有针对性地调整。最后，则是用自己的态度感染员工。如果领导者可以激情澎湃、充满希望地跟大家问好，员工就会被领导者热情点燃，产生相同的正向情绪。

② 明确每人每日目标。每人依次汇报当日目标，并明确完成目标的方法。每

个人应讲清楚自己当天想要做到哪些事情，实现哪些目标，采用哪些方法。

在这一步骤中，每名员工都要发言，说明当日的计划是什么。如果是夕会，则要汇总今天目标的完成度。

以一家银行系统的晨夕会为例。

主持人："下面进入业绩通报环节。首先请大堂经理通报昨日网点整体业绩，并对厅堂服务做出点评。"

大堂经理："昨日总业务笔数1000笔。客户推介量20个。产品营销业绩：金卡1张，黄金20克，网银6个……"

主持人："下面从我左手边柜员开始，依次通报昨日工作情况。"

柜员："昨日我的业务笔数为160笔。客户推介量10个。产品营销业绩：金卡1张，网银5个，通报完毕。"

这种规范的晨夕会，明确说明了每名员工的工作，内容非常有价值，所以效果自然会更好。

除了个人目标和业绩，团队目标与业绩也要进行公布，这主要通过部门主管进行。这样做的目的，是为了让所有员工明白：团队业绩不是主管一个人的事情，是大家共同的责任和担当。尤其对于销售团队，销售人员在为团队业绩没有达成而焦急奔走时，作为主管就算成功了一大半。

在发现问题的同时，还要进行销售技能的提升，也就是培训。这也是晨夕会的重要内容组成。

③ 相互反馈和建议。员工的反馈和建议，应致力于帮助彼此完成目标。例如，向同事提出合理建议，帮助他们更好地调整方法。也可以主动向同事征询他们的建议看法，从而更好地提升自己的工作效率。

④ 领导者对一天的工作做详细的安排和规划。领导者必须对当天的工作进行

详细说明，并对每一名员工的计划作出确认。如果有需要调整的地方，应当场说明。建议这种调整以微调为主，除非有特别计划，一般不要做过大的修改。

领导者在安排和规划中，尤其应重点关注员工的工作方法和策略。如果发现员工的方法存在一定漏洞或不足，要帮助其掌握正确的思路，调整工作模式。这种帮助至关重要，一方面会大大提升员工的效率，另一方面员工也会感到领导者是在帮助自己，因此工作的积极性会更高。

在完成具体安排和规划后，应由企业或部门领导者，结合所有参会人员的工作目标内容，对团队的整体工作进行详细安排和规划。这些安排和规划，应从整体出发，看重全局性、协调性和现实性。例如，要求前端和后端工作人员如何配合，提示市场营销部门和具体业务部门的配合重点等。

⑤ 调整团队状态。尤其在晨会上，调整好团队的状态，将会大大提升员工全天的工作效率。可以通过打气、鼓励、喊口号的方式，如树标杆、讲故事、嘉许员工等一些充满仪式感的方法，先激活最积极的员工，再由他们影响其他员工，以此形成全员激励的效果。

完成具体工作部署后，晨夕会主持人应组织鼓励环节，带领所有员工呐喊口号，提振士气。其中包括嘉许、讲故事、树标杆等内容，激发员工追赶先进同事的愿望，提供给其中每个人无穷的动力。

通过晨会中的这一步骤，让所有员工习惯于每天都能表达自我的愿望，接受他人的鼓励，在口号和互动中改变沉默状态。当员工有了表达的机会和欲望后，会进一步主动思考。这样，员工就得到了充分的成长机会。

（2）晨夕会的机动部分。如果有较为突然的变化，那么在晨夕会上，应灵活加入这些内容。

① 如果企业出台了新的政策，晨夕会上应当及时说明。同时，领导者必须统一解答员工关心的问题，可以让员工提出问题，而不是做完通知后就立刻进入下一环节。否则，员工如果没有完全理解政策的意图，很容易在工作中抱有消极懈

怠的情绪，或是因为不理解而导致失误频发。

② 公开表扬表现出色的员工或员工的闪光点。如果在当日或昨日，有员工的工作业绩非常出色，那么应在晨夕会上对其进行特别表彰，并让其分享经验。这种活动，一方面会加强员工的自豪感，使其保持这种状态。另一方面还会将经验分享给其他人，实现共同进步的目的。

鼓励先进是对设定目标后的效果反馈，是落实赏罚的具体动作。通过晨夕会的表扬先进，并让先进分享，既是对团队标杆的肯定，也能刺激其他人的危机意识。表扬需要具体到人和细节，批评指向对象需要模糊。

3. 晨夕会的特别注意

做好晨夕会的制度和内容规划后，还要注意好晨夕会的一些细节和禁忌。如下内容，我们一定要严格执行。

晨夕会的细节和禁忌：
- 领导者要带着饱满的情绪参与，以此调整员工状态
- 可以邀请员工轮流主持
- 忌讳千篇一律的内容
- 切忌一味指责批评，带给员工负面情绪

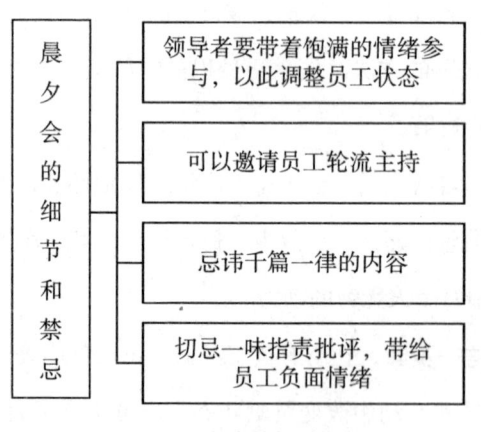

图 5-2　晨夕会的细节和禁忌

（1）领导者要带着饱满的情绪参与，以此调整员工状态。对于晨夕会，领导者如果都表现出一种无所谓的态度，那么怎么可能调动员工的情绪？只有领导者充满热情，员工的状态才能被调动起来。

（2）可以邀请员工轮流主持。多数情况下，晨夕会的主持由部门领导者担任，但是也可以适当邀请成员轮流来主持晨夕会，例如每周三、周五的晨夕会，由员

工轮流担任。这样做，不仅能强化主持人对流程的认识，也能锻炼员工主持会议的能力，为将来组织裂变准备力量。

（3）忌讳千篇一律的内容。很多领导者都和我表示过："晨夕会感觉没什么用，尤其当员工入职3个月以上，大家参与的热情都非常低。"

出现这种问题的原因，就在于晨会千篇一律，变成形式化。这就是为什么我们需要对晨夕会引入机动部分，在保证每天固定内容的基础上，会不断给员工们带来新鲜感。尤其是出色员工的公开表扬与分享，这些内容绝不会重复，因此会让员工们始终保持激情。

（4）切忌一味指责批评，带给员工负面情绪。即便员工出现大问题，我们在晨夕会上进行说明，也不要只是指责。这种情绪控制恰恰是很多领导者缺乏的。不懂这个道理，晨夕会最终变成了批斗会，自然没有员工愿意参与。

正确的做法，应当是在指出员工的问题后，提出解决问题的方式，让员工有提升的可能。犯错不可怕，只要让他掌握了正确的思维和技巧，他就会感谢领导者的指正，反而更愿意参与这样的晨夕会。

02
成果日志系统如何落地

在没有接受过专业管理咨询服务的企业中，成果日志系统很容易被忽视。很多企业领导者愿意投资数十万元改造硬件环境，却没有给每个员工投资数十元，打造成果日志系统。

实际上，成果日志系统并不复杂。表面上看，它只是每个员工用于记录工作成果的日志。但如果企业将这种个性化的工作工具，转化成一套整体模板，形成一套管理系统，就能形成倍增的力量。

成果日志系统顾名思义，就是围绕"成果"展开，它的周期以"日"为单位，经过不断积累，最终形成完善的体系，帮助员工厘清年、月、周、日的目标，进行每日总结、评估与改进。

成果日志系统可以结合晨夕会系统，在晨夕会中进行成果总结与改进。通过这样的方式，晨夕会也会改变过去"只喊口号，只有鸡汤"的境地，变得更加务实。丰富晨夕会形态，让晨夕会具备应有的价值。当然，成果日志系统，也可以同PK系统、绩效表彰系统等结合饮用。

如何结合三度的六大系统模板，建立成果日志系统？

1.明确成果日志系统的价值

成果日志系统，主要有如下价值。

（1）明确员工年月周日的目标规划。让员工自己将目标写下来，远比向他们耳提面命地灌输要更为有效。很多员工虽有提高自我业绩和能力的愿望，但却没有足够的规划意识，他们不懂得如何对自身成长路径加以设定，只满足于一步步地完成手头工作。长此以往，大多数员工就只懂得按部就班，变成岗位上的"螺丝钉"。

领导者不仅要让员工看到树立目标的重要性，还应为他们提供规则和氛围，要求他们对每日、每周、每月应完成的工作情况进行提前分析判断，并写入自己的成果日志中。这种记录行为，既是有效的总结，也是充分的前瞻。通过记录，员工会对每天的工作过程进行有效思考分析，也会对未来的工作提前熟悉了解，加以规划。

（2）记录员工的成长以及总结改进。成果日志不仅是员工自我衡量工作成绩的标杆，也是一台摄录机，让员工随时随地能记录自己的工作内容、态度和情绪，从而便于记录成长、总结经验、改进教训。

人总是有惰性的。如果缺乏成果日志这一工具，员工很容易产生依赖心理，无论是工作中取得成绩，还是面对错误，他们都会习惯性地去找领导或者老员工，以所谓"请教""指示"的借口，推脱思考和总结的责任。正因有了成果日志，员工才会独立做主，客观忠实地面对自我、记录自我和分析自我。

同时，成果日志也能为员工合理规划时间和工作，提供充足的辅助作用。工作总是会有紧张忙碌和稍微轻松的节奏区分，如果没有成果日志这一工具，当员工面临较为轻松的工作节奏时，他们很容易想要"缓口气""休息下"，导致时间浪费、精力涣散、团队气氛松散。但有了成果日志，员工可以自行安排，也可以由部门组织他们，采用阅读或相互阅读成果日志的方式，对工作过程和成果进行反思总结，相互交流经验、取长补短。长此以往，员工即使没有阅读成果日志，也会形成利用碎片化时间反思自我、总结提高的习惯。

（3）便于领导检查及评估。无论是企业高层领导者，还是中层的部门负责人，都应将检查员工的工作作为重点。如果没有成果日志这种载体，领导的检查和评估，就只能从两种途径进行：一种是日常的观察，另一种是阶段性的总结。

日常观察中，领导很容易对员工产生直观印象，并给出评价。问题是，领导也是有主观情感倾向的。有人喜欢内向稳重的员工，就有人喜欢开朗大方的员工；有人喜欢重执行的员工，就有人喜欢擅长谋划的员工。领导不是在交朋友，而是在管理，只靠直观印象，很容易失之偏颇。

如果是阶段性总结，领导的检查和评估会更加客观。例如，观察业绩数字、对工作成果进行排序等，都会公平合理。但其问题在于，检查和评估是"马后炮"，无法产生即时性的反馈作用。同时，领导也会习惯性地忽视过程，变成"我只要结果，不管过程"的任性管理方式。例如，员工被"放养"一个月后，领导检查营销业绩，发现成绩不佳。此时无论如何召开会议、单独谈话，都很难追溯这段时间内员工究竟在哪些营销环节上出现了问题，无法让员工真正清楚问题所在。

但有了成果日志本后，员工日常工作行为、想法、态度、依据、步骤等，都有了较为客观并能长期保留的记录。领导既可以在日常随时对之进行检查，也能让阶段性总结变得更有依据，所有的奖惩、建议、指导、改正等管理措施，都将针对个人和岗位，而不是浮光掠影的象征手段。这样，员工的进步就有了坚实的基础，也避免了领导者检查和评价中的随意性。

2.成果日志系统与晨夕会系统的结合

成果日志系统的重点，就是表述成果，并发现问题。在晨夕会上，我们不可能占用过多的时间进行非常深入的讨论，所以对于成果日志要进行简化，以发现问题为第一目标。更多内容，将会在绩效会系统、PK会系统中进行更深纬度的探索。

晨夕会上，进入成果日志汇报阶段，要遵循如下几个原则。

（1）个人汇报。首先，每一名员工都要汇报昨天重点工作完成情况，只说结果，尽可能用最简洁的语言描述。如果没有完成，应当承诺二次完成时间，除非有特殊情况，任何员工都不能例外。

一线员工在部门晨夕会上做汇报，部门领导在企业中层晨夕会上做汇报，要让这种模式成为一种习惯，深深植入到企业文化之中。只要没有出差，领导者必须参与晨夕会的成果汇报，并认真做记录。

（2）当每一名员工的汇报结束后，领导者要根据每一个人的数据，进行简要点评。需要注意的是：对于最优员工，我们可以口头赞扬，并带头鼓掌，使其感受到受尊重，内心得到满足，会保持出色的状态。而对于数据最差的员工，尽量不要在晨夕会上进行批评，不妨会议后私下进行沟通，查找原因，并帮助其解决问题。这样做的目的，就是为了保护最差员工的自尊心，避免其因为受到批评，带着负面情绪进入新一天的工作，导致工作效率、态度进一步恶化。

简要点评后，领导还要进一步落实之前安排给他的工作进度。尽可能将时间明确化，而不是模糊的概念。例如"明天11点之前，这个任务会完成"，远比"我会尽快，完成后通知您"的承诺要更有效果。落实时间和工作量，是成果日志系统中的重点内容。

（3）如果时间允许，领导还可以分享一则案例。它可以是经验或教训，也可以是学习心得。时间不用过长，3～5分钟左右即可，案例要能够给员工带来启发，让他们可以思考。这种案例分享逐渐积累，就会给员工带来一种精神层面的吸引力，他们渴望每天听到不同的职场案例，并从案例中结合自身进行改善和调整，促进自己进步。同时，通过讲故事的方式，成果汇报时的紧张气氛也会得到缓解，有利于员工带着一种轻松的心态投入到工作之中。

3. 不断追踪与总结

晨夕会结束后，领导要将晨夕会中的成果日志部分进行总结，对每个部门、每个人的数据进行汇总。在接下来的工作中，要有针对性的跟踪，尤其是数据波动较大的部门和个人。要观察部门、员工是否依照要求作业生产，如发现有偏差的要马上指正，从而保证晨夕会效果。如果有必要，还应对部门领导、一线员工提供特别帮助，纠正他在工作中出现的问题，帮助其成长。

与此同时，领导者还要终结成果日志系统中是否存在遗漏，是否对于标准的要求太过严苛，只以自己的目标为导向，忽视从员工的角度考虑问题。这一点是很多领导者容易忽视的：能够绝对达到数据标准是理想状态，但在现实工作中，各种突发情况都不可预知，如停电、新任务，还有个人的情绪、突发工作等，都会造成最终结果的波动。

领导者设定的目标应当是一个范围，而不是绝对的数值，应允许结果在一个可控的范围内变化，只要不突破极限就可以认定为合理。这是领导者必须以正确心态所指导形成的管理心态，否则就会变成"独裁"，忽视客观现实，最终的结果就是部门领导、一线员工无法承担这份压力，向心力不断降低，最终人才流失。

此外，领导者还要对成果日志的主持流程进行总结，不断发现问题，包括主持的方式、语言的组织、会议的内容、效果的追踪等，以便下次改进，这样才能保证成果日志系统始终满足企业需求，成为部门、个人成长的助推动力。

4. 成果日志汇报的要点

想做好成果日志汇报，还要注意好如下几个要点。

（1）程序要紧凑，节奏要明快，实现上下贯通。如果出现问题，不要在晨夕会上进行太多的争辩，应当会后与员工进行深入沟通，避免浪费其他员工的宝贵时间，并给其他员工带来不良的情绪影响。

会后沟通，如果发现是自己存在失误，那么应当及时向员工道歉。在第二天的晨夕会上，就要向全员说明情况，并再次向员工道歉。

某些领导者认为向员工道歉有失面子，会让自己的威信降低。事实上，道歉不会让员工看不起，做错事情却不愿意承认甚至推卸责任的领导者，才会让员工产生逆反心理，认为这样的领导者不值得跟随。敢于道歉，才能展现出宽广的胸襟和就事论事的态度，反而有利于领导者塑造更加立体、丰富的形象。

（2）控制时间，不宜过长，通常要在20分钟内结束成果汇报，避免冗长的发言分散员工的注意力，影响其他工作的开展。对于喜欢发言讲话的领导者，我们可以用这种方式进行克服：连续一周拍摄自己在晨夕会上的视频，周末统一进行反复观看，寻找自己的问题和解决思路，并将其写在纸上。下一周的晨夕会上，严格按照解决思路主持会议，发现问题立刻停止。多数情况下，经过两个星期的调整，领导者都会掌握简洁表达的能力和技巧。

当这样的成果日志汇报结合晨夕会不断进行，久而久之，就会形成一套完善的体系，每一名员工可以对照记录，形成自己的成长曲线。领导者也可以在这个过程中，看到员工的变化，并从中挖掘未来值得培养的千里马。所以，这项工作看似烦琐，但对于全员都有着至关重要的作用，必须严格执行。

最后，结合晨夕会，成果日志还要形成一份完善的统计表格，它会涉及更多细节层面，从各个角度体现每一名员工的状态。这份统计表格应有专人负责归档，如表 5-1 所示。

表 5-1 结合晨夕会的成果日志统计

公司名称：		公司部门：	个人：	日期：
晨会	1. 团体活动主持人、名称			
	2. 人员仪容仪表检查状况			
	3. 人员表扬			
	4. 今日客户预约状况及需要协调或帮助事项			
	5. 今日需要协调或帮助事项			
	6. 特殊事项			
	7. 今日早训演练课题			
主持人 记录人				
夕会	1. 今日客流、订单、邀约总结			
	2. 今日重点客户分析			
	3. 今日工作出现问题			
	4. 今日战败分析			
	5. 今日工作遇到问题收集解决			
	6. 特殊事项			
	7. 明日工作计划			
主持人 记录人				

03
绩效会系统如何落地

绩效会系统，在六大系统中相对复杂，其主体包括横轴和纵轴两部分。横轴描述时间线，纵轴描述职位线。不同时间、情境下，不同岗位将参加不同的绩效会。这是绩效会系统的基本特征。因此，在实际操作中，绩效会系统，需要根据不同企业所处行业、发展阶段、组织架构特征、员工人群特征等因素，打造出个性化结构。

绩效会系统的具体种类区分，包括日绩效会议、周绩效会议、月绩效会议、季度绩效会议、年度绩效会议，它们构成了完整的绩效会议体系。绩效会议既是对工作完成的总结，又可以通过该会议进行组织绩效、个人绩效提升，并根据最终的结果，开始新一阶段的工作。

1. 绩效会系统的基本目的

绩效会系统的基本目的，在于解决企业利润的定量问题。

所谓定量，即企业利润数量的稳定性。通过绩效会系统的有力运作，能为企业在利润层面树立"定海神针"。

对大多数中小企业而言，无论是制造业、服务业，都存在着淡旺季的情况。由于"淡旺季"存在，所以每当进入淡季时，企业内部的工作气氛就会随之松懈下来。管理团队的注意力不再集中，员工队伍的士气不再旺盛，出现任何问题都有向"淡季"上推卸的倾向。例如，客户流失率增加，怪时间不好。新客户来访量下降，也怪是淡季问题。这种认识严重影响了企业业绩的发展与平衡，少数精英人才正是因为接受不了业绩时而高峰时而低谷的不稳定感而选择出走。相信企业领导者本人，也并不愿意接受所谓"淡季"的存在。

有一句谚语，说聪明人从不把鸡蛋放在同一个篮子里。企业的业绩增长理论也是如此。当一家企业初创时，为了迅速聚拢人气、提高销量、稳定人心，可以依靠某些特别时间段作为"旺季"，以此实现业绩突破。但如果当企业已初具规模，业绩增长还是在依赖"旺季"，就会无形中为企业背上风险包袱。

要想解决淡旺季问题，领导者必须充分重视绩效会系统。绩效会系统，能推动员工主动去追求业绩增长，去提升自我状态。

2. 月度全员绩效会

绩效会系统的落地层面，有多种形式，包括日绩效会、周绩效会、月绩效会，也有员工绩效会、店长绩效会、股东绩效会、合伙人绩效会等。这些不同的绩效会方案，能服务于不同行业不同阶段的企业。当然，企业规模不同，绩效会议的周期也可以有所区别。对于人数较少的企业，由于业务量较小，可以不必刻意追求日绩效会议，避免无意义的会议沦为形式，反而给员工带来负面的情绪。

通常来说，中小企业的各个部门应当保证每周开展一次部门绩效会议，总结一周出现的问题，为下一周工作制订绩规划，核心是对每一名员工的绩效进行定量，避免泛泛而谈。较高级别的绩效会议，如企业总部绩效会议，需要每个部门负责人与代表共同参与，应保证每月展开一次，具体时间可结合企业的实际情况，安排在某月上旬或下旬。会议时间不宜过长，控制在一个小时即可。

目前，最通用的绩效会形式，为月度全员绩效会。

月度全员绩效会，顾名思义，为每月一次面向全体员工进行的绩效会议。如果员工人数在100个人以内，可以每月进行一次；如果员工为数百人，可以按门店或组别进行。对更大的跨省企业，可以按区域进行。这意味着，无论企业规模多大、员工数量多少，都可以进行总部级别的月度全员绩效会，再深入到各个级别进行同样的会议。

3. 月度全员绩效会议的组织和目的

一场完善的月度全员绩效会议，应当注意如下组织原则。

月度全员绩效会，其地点为企业或酒店会议室，物资准备为白板、条幅、投影仪、奖品、承诺书、印泥等。其中，奖品用于奖励本月绩效优良的员工，承诺书和印泥用于员工签署承诺书。

其目的主要包括如下。

（1）汇报当月成果，了解全员工作进展情况。在月度全员绩效会上，员工、部门负责人、高级别领导者各自汇报成果，并根据情况进行荣誉颁发。这一会议最直接的效果，就是能呈现企业总体的月度经营业绩成果，通过量化形式，展现工作和成长的进度。

（2）总结检视上月问题，找出关键点。通过月度全员绩效会的召开，能充分暴露出成长不足者在工作过程中的问题。会议主持者可以发动大家共同寻找其中关键薄弱环节，并加以讨论，提供解决方案。

（3）文化落地。月度全员绩效会不能全部是理性的分析，也应有更多感性环节，如荣誉颁发、表彰仪式、实际奖励等。这些环节能展现出企业激励业绩的积极文化，使受表彰员工感受到宝贵的职业成就感，也能让其他参与者产生期待和向往情绪，并内化为进一步提升自己的动力。

（4）明晰下月工作重点。在月度全员绩效会上，还应具体布置后续一个月的工作内容。其中重点如工作业绩的量化、目标的明确、具体责任人、PK方案等等。通过这些方式，可以让员工对即将开始的工作有提纲挈领的了解和把握。

（5）明确企业发展方向。这一点尤为重要，即便只是一家三五人的小企业，也同样需要明确的发展方向。当发展方向明确后，员工才会和领导者产生共鸣，和所在团队形成合力。

（6）彼此相互学习成长。对规模较大的企业而言，通过月度全员绩效会，能更好地拉近部门、岗位和员工之间的实际距离。例如，在连锁企业中，不少门店和门店之间缺乏日常接触联系，很多普通员工对标杆人物、模范典型更多只是耳闻听说，没有实际接触。这样，他们的学习追赶动力就会大大减弱。而通过月度全员绩效会，让员工们走到一起，亲身接触最优秀的人、听他们的成长经历、分享他们的职业荣誉,从而产生最直观、最贴近的激励效果,带来持久的相互学习成长动力。

4. 月度全员绩效会议的组织流程

其流程主要如下。

(1) 点到、问好,营造氛围。

(2) 领导者或核心高管发言,强调本次会议的目的和流程。

(3) 听取各参会人员、部门,对上月工作绩效所进行的汇报。汇报内容中既要有优点,也要有问题,都应结合具体数字指标展开。

(4) 对上月工作绩效取得成绩的员工、部门,以及工作中表现突出的人或事,进行针对性的重点表彰、奖励。

在三度,每个月都会举行绩效表彰会。会场上,彩旗招展,喜气洋洋。来自全国各个分公司的优秀管理者、员工齐聚一堂,分享各自成果。

颁奖仪式开始后,先颁发企业文化奖,再颁发业绩奖。所有参会者站立为两列,获奖者兴高采烈从中穿过。当沉甸甸的红包展示在大家面前时,所有人响起了热烈掌声,台上台下气氛达到高潮。

获奖者并不全都是因为绩效领先,也有很多人是因为彰显了企业文化,而获得了表彰。曾经有位小伙伴在领奖致辞中说:"虽然我是市场部门的,但却没有因为市场营销业绩获奖,而是获得了企业文化奖。我非常感动,说明三度并不总是以数字来衡量我们的努力!"

传统的绩效会上,颁奖对象只有业绩冠军。

我曾经参加一个企业的绩效会,观摩了他们的颁奖过程,结果整个会议上两百多个参会人员,只有一个店长获奖,其他店长和员工面面相觑,唯有羡慕。

真正的颁奖,应是多元的。获奖者既应诞生于业绩领域,也应诞生于企业文化领域。在绩效会上，应先颁发与文化有关的奖项，再颁发与绩效有关的奖项。

企业文化的重要性，不仅体现在其激励和引导作用，也能改变员工的理念，便于领导者管理。尤其在很多管理细节上，领导者通过文化先行的理念，更容易帮助员工意识到自身错误，做到积极改正。

有位学员，在江西经营一家连锁超市。当他刚来参加三度培训时，他颇为苦恼地找到我说："我手下有个员工，他的业务素质很强，经营业绩也很好。但有一点，他工作纪律观念不行。我们超市禁止员工上班时抽烟，他把员工管理得很好，自己却偷偷摸摸躲起来抽烟，员工看见了，他还不准别人议论。我批评他好几次，他都说：'老板，我给公司做了这么多贡献，你就网开一面允许我抽烟，不行吗？'这搞得我反而不好意思了……"

我对他说："这种问题，是你们做领导的亲手打造的。你们一直关注企业的业绩，最后变成了唯业绩论。你们颁奖项，只看员工的业绩，其他行为都是小事。这样一来，员工自己会重视那些小事吗？"

这位领导恍然大悟："老师，你说得对，确实是我之前没有注意到。那我应该怎么办呢？"

我说："很简单，不要和员工纠结具体的事情，什么抽不抽烟、是否迟到、办公桌面是否整洁。如果你和他讨论这些所谓细节的价值，你就输了，他反而会转过头批评你，认为你太挑剔、太不讲人情。"

他一脸共鸣地说："对，就是这样！"

我说："与其如此，不如利用绩效表彰的机会，将企业文化变成比绩效更重要的奖项。对那些遵守企业文化，切实履行行为规范的员工，要大加表彰，让他们成为所有人羡慕的对象。这样，所有人都会意识到，企业文化也是评价内容，无论他们业绩如何，都会充分重视行为细节。"

第五章 系统为大：管理企业不能不懂的六大系统

此后，这位学员完美地执行了一套绩效会系统，并将企业文化奖项放在优先颁发的位置。不久之后，他告诉我，很多员工的态度改变了，他们不再天天将"我给企业创造了业绩"挂在嘴边，而是注重起言行仪表、工作纪律、桌面整洁等。有了这些，不仅改变了员工的工作精神面貌，也改变了整个企业的形象。

除了个人奖项外，绩效表彰会还应设置面向团队的奖励。三度每个月都会评选出"战神"团队，用鲜红的锦旗、超额的分红，来激励业绩最佳的冠军团队。当然，超额分红与绩效薪酬并不同，完全是根据每个人在团队中做出的贡献而设置。同一个团队、同一次获奖，但团队成员根据自己的贡献大小，获得的分红也会有所不同。团队成员最高能拿数万元的月度超额分红，而最低也可能只有数百元的超额分红，但每个人都会感到由衷的喜悦，因为这既是团队整体努力的结果，也是公平公正评价后的奖励。

当然，无论是企业文化类奖项还是业绩贡献奖项，无论是个人奖项还是团队奖项，任何奖项的表彰，都应有明确公开的评价标准。

（5）PK环节。表彰结束之后，则是PK环节。在这一环节中，必须要让员工承受压力、接受成长的苦难。

在三度，我们会运用"对赌"方式，即PK对手中失败的一方，将团队原本应得的奖金交给获胜的一方。

我们也会使用"娱乐频道"方式，让业绩最差的团队，集体走上讲台，当众吃掉苦瓜，让其身心接受失败痛苦的考验。

我们还会使用"体育频道"方式，让业绩最差的团队，集体在街头跑步锻炼，并面向街上来往如梭的陌生人，大声喊出自己的职业目标。

这些措施，都是建立在员工自发自愿接受的基础上。它不是对企业团队伙伴们的打击，而是帮助他们迅速成长，让他们能走出自己的舒适圈。

（6）领导设定下月企业文化目标、绩效目标，也包括拟晋升人员的目标，并当众予以公布。

（7）培训计划、公司资源支持计划的宣布等。

绩效表彰会，表彰的不只是所谓业绩绩效，而是发扬企业文化、落地分红措施，让员工感受到身处企业环境的幸福感。通过绩效表彰会，员工对企业的归属感会越来越强，会将企业看成家，不在的时候，也会肩负应有的责任。

（8）绩效会议的最后，需要领导者对整场会议做点评。一场出色的绩效会，一定要具备虎头豹尾的特点，才能够再次调动全员的激情，为下一个绩效目标而努力。

来看这两种不同的收尾。

A总：

这次绩效会议圆满结束，感谢大家的参与。虽然上个月的目标未能达到预期，但是大家的努力我都看到了，最终的结果有很多原因造成，有一些是客观事实，我们无法完全规避。有一些是因为一时疏忽，导致结果有一定偏差。但是，大家付出的心血，没有人可以否定！只要咱们规避刚才讨论的那些问题，那么相信下个月的成绩，一定会让我们自己感到惊讶！加油，我会与你们一起奋斗！

B总：

虽然上个月我们顺利完成目标，刚才也进行了嘉奖，但是我想说的是：这只是及格罢了，远谈不上优秀，不要躺在功劳簿上睡大觉！谁有一丝懒惰，下个月就会遭受惩罚！这可不是开玩笑，希望你们都认真起来，我会时刻监督你们的。现在散会！

两种截然不同的态度，第一种给人带来希望和信心，虽然上个月未能完成目标，但斗志仍在。第二种则让人无比沮丧，顺利完成计划却被领导者泼了一盆冷水，接下来的心态可想而知。所以，必须做好绩效会议的正向收尾，哪怕出现了多少问题，也一定要在最后给全员带来一针强心剂，这样绩效会系统才能发挥真正的作用。

如上流程，是月度绩效会议的完整流程。企业可以根据实际情况，以及绩效会议的周期进行灵活调整，周绩效会议可适当缩减部分内容，季度、年度绩效会议则应增加相应比重，以此让会议产生最大的效果。

04
PK 会系统如何落地

无 PK，无业绩。在当下这个时代，企业，尤其是服务业企业，如果不引入 PK 制度，就谈不上业绩增长的空间。

有竞争，才会有压力，更会有动力。真正懂得管理的领导，一方面会做好"以人为本"的管理理念，另一方面也会引入适当 PK 模式，让全员建立健全的竞争体系，定期开展 PK 会议。PK 会系统的种类很多，包括同级 PK、不同级 PK、部门 PK、公司 PK 或门店 PK 等。

无论何种 PK 会系统形式，都是致力于企业利润的增量问题。缺少竞争力的企业，员工往往缺乏动力，对待工作只做到及格，没有追求卓越的激情。尤其当一个部门中，有多名员工对待工作的态度呈现平庸化，那么这种情绪就很容易出现传染，拉低整个部门的战斗力。

很多企业推行的末位淘汰法，事实上就是一种 PK 模式。但是在三度管理系统中，我们并不提倡这种只有"惩罚"的管理思维。在没有更多管理体系的加持下单纯只使用末位淘汰法，不仅不会给员工带来正向的激励，反而会让每一个员工惴惴不安，将每一名同事当作"敌人"而非"榜样"，企业内部形成恶性竞争，所以多数只采用末位淘汰法的企业，往往管理效果并不明显。

领导要明白，引入 PK 会系统，不是为了让员工之间互相猜忌、攻击，让领先员工扬扬自得、骄傲自满，让后进员工惊慌失措、惴惴不安，而是在内部形成积极的竞争，领先者是落后者的榜样，后进者愿意主动学习、不断奋起，从前者身上学到经验。这种正向的竞争，会最大限度激发每一名员工的潜力，最终提升企业业绩的增量。每一名员工进步一小步，整个企业就会进步一大步。

那么，企业该如何建立 PK 会系统，精准落地实现对员工的正向激励？

1. 明确 PK 会系统目的

（1）激活团队。如果不能激活员工个人，就谈不上激活企业团队，很多员工之所以始终无法充分融入团队目标中，在于他们内心并没有真正自我激活，他们不相信自己的潜力能达成目标。而 PK 会将致力于这类问题的解决，让团队拥有更多来自员工的活力。

（2）激发潜能。一旦通过 PK 会系统，让员工树立起胜负心，有了唾手可得的目标。他们就会要求自己不断努力，释放潜能。

（3）激发斗志。当员工通过 PK 会的考验后，就会产生无穷无尽的斗志。PK 中的胜利者，想要维护自己的荣誉，会继续努力。PK 中的失败者，不仅损失了薪酬利益，还会当众将红包交给赢家，并拍照记录，这种"受挫感"会让他们期待下一次 PK 中的表现，并为之付出努力。因此，PK 中的胜负双方，都会被点燃更多的斗志。

（4）激发成长。当团队和员工个人被激活后，有了更直接的目标和更强的斗志，他们就会自动追求成长。围绕 PK 目标，他们将会克服困难，自主成长。

（5）倍增业绩。PK 活动做得越好，团队营销的活力就越明显，不但能员工个人的业绩不断上升，也能让整个团队的业绩获得倍增。

扬州一家生产美容仪器产品的商贸企业，在全国有上千家合作代理销售的美容门店。随着市场竞争趋向激烈，他们突然决定在扬州开设直营门店，以便更好进行销售。2019 年开始，他们在扬州开了 4 家店，总共 20 个员工。这意味着，每个月仅门店系统，就要花费其将近 20 万元的成本，由于业绩不能倍增，其经营压力越来越大，员工团队的状态也越来越松懈。

为解决这样的问题，他们加入了三度培训，学习了 PK 会系统。学习当月，门店业绩翻了三倍。此后，这家企业继续深入学习三度培训，掌握了行业管理课程开发和培训方法。现在，他们不仅能用 PK 会系统持续提高自家直营门店的业绩，还能对其他代理美容门店进行培训提升。这样，除了提供产品外，这家企业也能积极为下游合作者赋能，以更好的服务内容，成就更好的自己。

（6）文化落地。随着 PK 会的进行，员工和团队会表现出自身固有的负面习惯等问题，而这些问题，正是阻碍其工作业绩上升的瓶颈，也会导致其 PK 难以获胜。为了解决这些问题，就需要不断推动企业文化的建设，即推动文化落地。

2. 设定 PK 会的内容与标准

领导要设定 PK 会的内容与标准。所谓标准，即为目标值，目标是 PK 会的核心和根本。PK 会的主要内容与标准如下。

（1）业绩 PK，即直接以团队或个人完成业绩数字，进行比赛。

（2）流量卡 PK，即以团队或个人为门店导入的新客户流量数字，进行比赛。

（3）储值卡 PK，即以团队或个人为门店销售的储值卡数字，进行比赛。

（4）耗卡 PK，即以团队或个人引导客户消费储值卡数字，进行比赛。

（5）利润率 PK，即以团队或个人达成的利润与成本比，进行比赛。

（6）达成率 PK，即根据不同门店、部门、岗位情况不同，制定不同的目标，再测算实际达成率，进行相互 PK。

在实际落地过程中，企业需要根据自身现阶段情况不同，设定不同的 PK 标准。

例如，三度导师在进入企业现场，组织 PK 环节时，会设定个性化的 PK 方案。如果企业适合拼业绩，就以业绩为主要 PK 标准。如果企业追求流量增长，就以流量为 PK 标准。如果企业希望能增长储值，就以储值卡为 PK 标准。如果企业什么都不缺，但是客户耗卡速度太慢，就需要以耗卡为 PK 标准。如果企业发现成本和利润比太低，就要以利润率为 PK 标准。

PK会系统中，目标内容既可以是部门的，也可以是个人的。通常来说，首先应确认各个部门之间的PK的目标，然后再确认每一名员工之间的PK目标，由形成部门对部门、个人对个人的PK体系。

对于PK内容标准的设定，只需遵循一个原则：指标单一、数字为准。我们无须引入太过复杂的内容，部门与部门、个人与个人之间的PK标准，由一个固定的数字做锚点。例如，A与B是同部门同事，二人接下来要完成类似的工作，那么谁先达到100%，谁就获得胜利。

用单一的数字指标做标准，这样才能便于考核。否则，如果考核的标准非常复杂，没有一个数字做参考，那么当PK时间结束后，每一个人都不会认同结果，反而给团队凝聚力带来负面影响。

3. 做好PK会流程

为了保证PK会在一种激荡人心的氛围中开展，我们要做好PK会流程的设计。如下这份流程，企业应当严格执行。

（1）主持人宣布大会开始。

主持人介绍举行PK大会的目的和意义，用真挚而富有激情的讲话为全体员工们鼓舞士气、树立信心。

（2）领导上台致辞。

公司领导为全体人员鼓舞打气，引导大家正确面对市场竞争形势，树立坚定必胜信心。

（3）签订PK军令状。

各个团队立下誓言，签下军令状。俗话说，军令如山，立下军令状必须去执行，如果不能完成任务，愿依规受罚。格式参考如表5-2所示。

表 5-2 PK 军令状

PK 军令状
×××承诺： 在××××年××月，确保完成目标业绩××××万元。 完成任务，申请奖励。 未完成任务，自愿接受惩罚。
×××承诺： 在××××年××月，接受×××的挑战，确保完成目标业绩××××万。 完成任务，申请奖励。 未完成任务，自愿接受惩罚。
立状人 A： 立状人 B： 立状时间：

（4）宣誓仪式

各个小组分别上台宣誓，已表决心。例如：

我们××队在此庄严宣誓本次活动期间竭尽全力完成目标，上下一心，众志成城，用业绩证明我们的优秀！若无法完成任务，我们愿意为我们的一切行为负责，毫无怨言地接受惩罚，并愿意付出相应的代价！

团队全体成员举起右手，握右拳，随引誓人宣誓。

宣誓完毕，引誓人应说"宣誓人×××"，其他成员逐个报姓名。

（5）团队士气展示

每个部门事先已确定了队名、口号、彩旗、队徽、列队造型，然后逐个小组上台展示，重点突出激昂的士气。

（6）宣布活动正式启动

PK 会的尾声，预示着活动正式开启。

需要提示的是，为了烘托现场氛围，PK 会整个过程中应播放相应的背景音乐，可以渲染环境气氛，引发员工心理共鸣。建议选择激昂奋进的音乐。同时，

PK会应当是庄重严肃的仪式，主持人应该在会议的开场时，宣布会议纪律，例如手机关机、禁止吃零食等，参会人应该严格遵守。

4. 挑战模式

PK即为挑战，所以在企业会议上，要开展挑战模式，以此激发全员斗志。在进行上月业绩考核后，业绩低者应当向业绩高者发出挑战，同理，部门之间也是如此。

为了保证PK的严肃性，还应形成PK挑战书，一定要用手写，签上PK双方、监督人的名字，并按手印。挑战书由部门领导或人力资源部门保存。

在签订PK挑战书后，挑战方和应战方还应依次上台宣读。在这个过程中，领导者应不断渲染气氛，激发挑战双方的激情。

"接下来，两个销售小组的负责人需要上台，分别朗读你们的挑战和应战部分。我希望，你们可以拿出你们最有力的状态，因为此刻部门的员工都在这里！如果两位负责人表现得毫无底气，那么胜利的天平凭什么偏向你？这不是战争，但却是你们之间最残酷的较量！"

领导者用这样的语言渲染气氛，就会给现场所有员工带来一种紧张感和刺激感，意识到这并不是玩笑，会调动员工的激情，进入挑战和应战状态。

5. 设立奖罚机制

PK是一种竞争模式，且有明确的数据做标准，所以应当引入奖罚机制，否则PK只能沦为表面功夫。为了避免PK会系统导致PK双方出现恶性竞争，奖罚机制不可极端。PK奖金比例要合理，处罚内容要适度，这是奖罚机制的基本原则。

对于奖励，奖品的比例和额度都要合理，既要激发员工内心的渴望，但也不要造成单纯的物质奖励论。我曾见过某企业，对于部门之间的PK是"奖励100万元现金"，这种高额的奖励的确调动起了全员的斗志，但是却也造成了更大的危害：为了达到目标，部门之间不惜恶意打压，窃取资料、故意做陷阱的情形多次出现。结果，原本正向鼓励的模式，反而造成了企业内部的分裂。

对于奖励，我有一套理论，以物质为基础，同时注重对于精神的挖掘。例如，对于某个重要的年度项目，个人单月销售或签单业绩破100万元，奖励父母泰国双人双飞7日游，团队完成1000万元月度签单目标，奖励团队泰国5日游。这种PK奖励的标的价值很高，但又不是赤裸裸的金钱，而是一种物质与精神上的双重享受，避免PK的双方仅仅只看到利益，陷入恶性竞争之中。

惩罚的设定更要重要。惩罚必须适度，一旦超过合理值，就会让员工的内心产生恐惧，甚至对工作产生排斥心理。例如，某些企业的惩罚是"体罚＋精神侮辱"，在全员面前羞辱自己，这种做法不仅严重违反我国劳动法，还会给员工的身心造成无法弥补的伤害。

正确的惩罚，应当是以激励为主，例如个人未完成月度保底目标，责任人买一个价值500元的手表给业绩优胜者，或是连续一个星期打扫办公室卫生。这样的惩罚可以让员工感到一定的"经济损失"，但又没有遭受精神上过于严重的打击。只要总结本次出现的问题，始终看着PK的奖励，那么下一次就有可能逆势崛起。

6. 确定PK会监督人

为了保证PK会的公平、公正，在PK的过程中，我们还要引入PK会监督人，以避免双方作弊。

PK会监督人的最佳人选，自然就是领导者本人。所以，对于企业较为重要的项目，尤其是重点核心部门之间的PK，就应当由领导者作为PK会监督人，全程参与双方的PK活动。

参与PK活动，一方面是为了监督，更重要一点，这是随时督促双方努力，始终保持强劲的势头。

"距离最终截止日还有三个星期，这周你们的表现不错，继续努力。不过对方小组也在不断发力，所以你们也不能掉以轻心。以我目前的判断，如果对方小组能够保持本周的势头，很有可能最终稍微超过我们一点点。"

领导不时用这样的方法激励部门员工，就会让他们鼓起斗志，更加努力地拼搏。

对于部门内部的员工PK，监督人第一人选就是部门负责人。领导者也要注意观察部门负责人的监督工作，要求其定期做出分析报告，并确认报告的准确性，避免部门负责人徇私舞弊给某位员工留后门，导致其他员工心生不满，对待工作的积极性下降。

7. PK兑现会

PK活动结束后，还要举办PK兑现会。PK兑现会可以与绩效会系统结合，在绩效会议上设定特别的板块，进行PK兑现。

PK兑现会上，应由PK会监督人宣布最终的PK结果。如果有多个PK项目，那么应从重点项目开始依次进行宣告。

宣告结束后，可以现场进行颁奖，奖金、奖品直接在现场进行颁发。为了保证PK兑现会的现场氛围，在正式宣布前避免提前颁奖，要让获奖员工在现场感受到最浓烈的热情，以此呈现出欣喜的状态，并影响到其他人。而对于惩罚的员工，为了避免对其造成伤害，可以不在现场宣读，但要在PK兑现会结束后进行相应的惩罚。

8. 领导者需要承担的责任

除了做好PK会监督人的工作，领导者在整个PK会系统中，还要承担如下这些责任。

（1）对员工进行指导。PK竞争确定后，领导者需要给员工传授具体的经验或方法，使其不至于只有冲劲，没有技巧，陷入莽撞冲刺的状态。PK的结果不是目的，在这个过程中引导员工不断学习、不断进步，并在竞争中实现自身能力的提升，这才是核心诉求。

（2）同步做好阶段性的晨夕会、绩效会等，在会议上随时对员工出现的问题进行纠正。

（3）做好统领大局的工作，保证整个PK活动的规范和严格执行，一旦发现问题立刻开启临时会议，进行有针对性的解决。例如，发现部门PK过程中，部门领导严重失职，那么应立刻叫停PK，对相关责任人进行处理后再重新启动。

如上内容，就是一套完善的PK会系统。相对于单纯的末位淘汰法，这种模式更加完善、丰富，以激励作为手段而非惩罚，这样员工才有正向动力去奋斗，而不是带着"害怕惩罚"的心态投入工作。情绪越饱满，越容易超常发挥；终日胆战心惊，甚至连60%的能力也无法发挥。所以，企业必须建立体系化的PK会系统，这样才能激活团队战斗力，激发个人潜能与斗志，不断促进个体与团队的成长，最终保证企业文化落地，企业业绩倍增。

05
三欣会系统如何落地

什么是"三欣会"？它的核心又是什么？

三欣会的重点就是"欣"，即欣赏。三度企业管理法则始终提倡的是"以人为本"，人在事前，通过合理的手段对员工进行激励，领导与员工始终站在统一战线。

三欣会系统，就是围绕这个原则展开。三欣会系统包含了三个欣赏：首先是要欣赏团队，其次是要欣赏团队的其他人，最后是欣赏自己。

三欣会系统，目的在于解决企业内部的正能量问题以及员工隔阂问题。在今天的企业内，无论男女员工、新老员工，都会不同程度地受到推崇个性化的社会思潮影响，更加看重自我感受、个人利益。这既是时代特性，也是企业凝聚力的杀手。如果处理不当，员工个人之间的误会将成为隔阂，而这种隔阂会迅速扩大到岗位之间、部门之间，导致团队协调水准下降、影响工作业绩。

通过引入三欣会系统，能帮助员工更加积极深入地反思自我问题，协调与他人相处合作的关系。在不少企业，学习过三欣会系统后，很多员工流下了真诚的眼泪，认识到自己平时工作中的错误，并诚恳地向受其影响的人相互道歉。当然，领导者并不需要用"精神控制"去带领员工，通过三欣会，可以帮助员工处理好人际关系，在更好的工作环境中成长，这既利于他们自己的成长，也利于企业集体的发展。

三欣会系统的核心是"欣赏"，通过分享、赞扬等多种手段展开精神层面的企业文化提升。相对于晨夕会系统、PK会系统、绩效会系统，它的内容更加轻松，所以形式上也不必过分拘泥，可以按照企业的实际情况灵活开展。公司条件较好，可以在专属大型会议室、礼堂借助声光电多媒体手段举办。如果尚处于创业初期，可以在办公室举办，也可以租用酒店会议室举办。

一旦企业拥有这样的员工思维，铁班底团队的数量自然越来越大。那么，我们该如何做好三欣会体系呢？

如下是某企业的三欣会流程，企业可以学习、借鉴和参考。

1. 组织架构

（1）讲师1人：对各部门和员工都非常熟悉，了解企业内部架构，可以由人力资源部门负责人担任，也可由领导者亲自担任。

（2）主持（兼灯光）1人：主要负责串场工作。

（3）音效、大屏幕播放（兼物资）1～2人：进行现场声光电的操作。

2. 物资准备

投影仪1台、笔记本电脑2台（讲师和音效各1台）、音响一套、蜡烛（15个/组）、蜡烛托盘（2个/组）、笔（1支/人）、白纸（2张/人）。

如果企业条件较好，可以酌情根据需求增加其他道具。

3. 分组

（1）6～10人/组（每组不超过10人，且最熟悉、了解的员工分在一组），最终根据互动、状态等评出小组第一名和最后一名，分别给予奖励和成长。

（2）明确结束时间和最终收获到的成果。

4. 三欣会纪律

（1）手机、走动、聚焦。

活动开始后，要求全员将手机关闭或开启静音模式。

活动举办中，禁止随意走动。如果必须暂时离开，应轻声起身。

如果讲台上有人发言，台下禁止窃窃私语。

（2）放下：简单、听话、照做。

活动中，主持人、领导者的发言应简洁，将活动焦点交给员工。

如果讲台上发出指令，那么台下的员工应听话照做。

（3）《求求你表扬我》视频观看和分享，主持人将现场气氛朝着赞美、欣赏方面引导。

（4）《爱·感谢·水结晶》视频观看和分享，主持人重点讲述该视频中赞美、欣赏的力量。

5. 三欣会举办

选出计时员：1人/组，保证规定时间内取得成果。

（1）欣赏自己。

① 讲师引发：由讲师介绍每一名员工登场，简要说明其成绩。

② 2分钟/人，避免时间过长。

③ 每一名员工各自记录下最核心的2点，作为本次会议的收获。会议结束后部门负责人应进行查阅。

（2）欣赏他人。

① 讲师引发：讲师引导每一名成员登场，简要说明其成绩。

② 不超过5分钟/人。实际人数，根据小组人数多少而定。

③ 被欣赏者记录下最核心的3点，未来的工作中进行学习。会议结束后部门负责人应进行查阅。

（3）欣赏公司。

① 讲师引发：讲师讲述企业近期取得的成绩。

② 2分钟/人，避免时间过长。

③ 各自记录下最核心的2点，作为本次会议的收获。会议结束后部门负责人应进行查阅。

（4）全员宣言。

① 写下欣赏宣言。

格式：大家好，我是×××，听到看到×××的发言，我感觉×××。我是一个××××××的人。我的××××××。我的公司××××××××。我相信在这样充满温情和战斗力的公司里，有团队的帮助与支持，通过我不懈的努力，一定可以发挥我的价值，实现我的理想！

②小组内两两大声宣读。

③走出小组找到任意伙伴大声宣读。

④最后一名小组成长发言，激发整个小组的战斗力。

6. 结尾

（1）每组一名代表分享，2分钟/人，做总结陈述。

（2）部门负责人小结，10分钟内结束发言，要从正能量入手，鼓励全员员工。

（3）领导者感谢会务人员，尤其不要忽视对物料运输与摆放人员、清洁人员等的感谢，让全员看到领导者是一个非常细心的人，即便面对非本企业的员工，也会做到以礼相待，从而对领导者产生更强的信任感。

（4）播放《相亲相爱一家人》音乐，宣布三欣会结束。

不同的企业，可以将更适合本企业的音乐、公司主题歌等进行替换，以此更加符合本企业的气质和要求。通过三欣会的举办，员工挖掘自己的优势，看到他人身上值得自己学习、欣赏的方面，并毫不吝啬地将自己对他人的赞美说出来。

一个优秀的团队，成员之间是相互信赖、相互学习、相互尊重的，他们善于欣赏自己的伙伴，绝不会吝啬对同伴的赞美，让伙伴们都觉得自己是一座待开发的宝藏，有着无穷的力量。通过三欣会，大家开始欣赏自己，重新认识自己、肯定自己。开始欣赏同事，发现大家的优点并汲人所长，改进自己。开始欣赏公司，鼓励成就、坚定梦想、肯定公司的价值，并愿意为之而奋斗。

06
全员表彰大会系统如何落地

为了让企业文化落地，让员工形成更加强烈的归属感，三度体系中最后一个系统，就是全员表彰大会。顾名思义，表彰大会系统就是嘉奖、赞美，通过"物质+精神"的方式真正落地"以人为本"，实践领导帮助员工赚钱、帮助员工成长、帮助员工找到信仰之路的信念。

全员表彰大会流程，与三欣会系统流程较为类似，参照三欣会流程即可。与之不同的是：全员表彰会更加侧重"现场有仪式感"的表彰，所以在会议中重点突出的是优秀团队、优秀员工的奖励，着力烘托企业取得的优秀业绩，所以在会议上不必提及暂时落后的部门、员工，只要做好"保障、赞美、全员激励"即可。

1. 全员表彰大会系统的目的

建设全员表彰大会系统，是为了解决企业内部的文化落地问题以及员工归属感问题。

一个员工为什么没有归属感？因为企业没有真正将他当成家人，而是将他当成"人力资源"。尽管领导者动辄要求员工如何工作，但在内心，并没有指望他们爱企如家，进而在现实层面，也没有在企业里树立起标杆式的模范人物。

企业没有诞生模范人物，或者有，但却不被欣赏和表彰，那就谈不上有真正的企业文化。领导者想要调动员工的积极性，就只剩下谈利益。一旦利益的增长满足不了员工的胃口增长，员工的努力也就会戛然而止。

古人云，上下交征利而国危矣。这句话意思是说，一个国家内部，从上到下都在争夺利益，那国家就危险了。同样，在一个企业内，如果员工努力工作、相互协调，都是建立在利益基础上，那么这种合作也就不能长久。其原因很简单，因为人们对金钱、物质的追求是无限的，也是近似的。但企业的文化，却可以是独一无二、难以模仿的。如果员工真心接受认同了企业文化，就不会轻易接受其他的企业文化。而这种建立在文化认同上的忠诚，才是员工真正的忠诚。因为他们不是忠诚于利益，不是忠诚于个人，而是忠诚于企业的价值观。这种忠诚，才是持续而难以改变的。

即便领导者意识到企业文化的重要性，但如果只是将文化写在纸面上，也同样会无济于事。因为无论文化在纸面上写得多么漂亮，最终都无法落地到执行过程中，难以影响员工内心。领导者则会在其过程中，变得越来越累。

很多领导者还是不理解：我的企业确实没有雷锋式的模范人物啊？怎么去推出、欣赏和表彰？

我的答案是，没有雷锋，不怪员工，而怪领导者。

雷锋是一种积极进步的精神力量的象征，激励着一代又一代年轻人。试想，如果不主动打造雷锋式的模范人物，如果不去欣赏、表彰并引导员工学习和崇拜，又如何带动产生更多的模范人物？

企业的情况也同样如此，如果没有优秀员工，问题就出在领导者没有主动去利用三欣会、表彰会等体系，去培养、发现、推荐、嘉许和表彰员工。如此一来，员工之间相互比的不是"优秀进步"，而是比谁会"来事"，比谁会"偷懒"，比谁会搞人际关系，可想而知，这样的环境中，很难诞生优秀的企业文化。

2. 全员表彰大会的核心要点

进行全员表彰大会，需要注意以下几点。

（1）活动氛围隆重。表彰大会的目的，就是要让优秀员工感到企业的尊重、领导的喜爱、其他同事的崇拜，这种情感越强烈，就会让他的满足感越强烈，对未来越有更加美好的憧憬。

所以，对于表彰大会，一定要让活动氛围隆重、热烈。表彰大会要在一个较为高级别的场地举办，还要注意现场的搭建，包括 LED 大屏幕、音响系统等。当优秀员工沿着红地毯走上舞台时，现场响起振奋人心的音乐，大屏幕配合个人短视频，这种自豪感、荣誉感将会达到顶峰。

同时，舞台下的其他员工，也会被这种氛围感染，为其送上最诚挚的掌声，并渴望自己也能够在这样的气氛下，成为整个会场的焦点。

（2）主持人全程配合。想要让活动氛围浓郁，自然少不了主持人的配合。一个优秀的主持人，会在不同环节进行精彩的串场，保证正常表彰大会始终处于一种激情不断的状态。

对于较为重要的全员表彰大会，企业可以聘请专业主持人参与，他们多数经历过大量的企业活动，懂得如何控场、如何引导情绪、如何在关键点讲出让人意外却又惊喜的语言。将专业的事情交给专业的人，这在表彰大会上同样适用。

"亲爱的各位家人，接下来，我需要向大家宣布一个不太好的消息。我刚刚得知：老板表示，为了表彰本年度取得的优秀成绩，原本会给所有人发一个红包。但是……老板表示，红包还会发，但现场只有一个人，能获得更大的临时福利大奖！只有一个人！现在，幸运转盘开始启动了，让我们一起倒数 5 个数，看看是谁会成为让所有人羡慕的幸运员工！"

这种欲扬先抑的表达方式，会立刻抓住全场所有员工的心。一个巧妙的转折后，所有人意识到更大的惊喜即将到来，现场气氛被推至巅峰！但是，如果表达非常平淡，只是说出"老板要抽奖，只有三个人有机会"的话语，那么对现场就会毫无刺激，原本充满惊喜的环节没有取得应有的效果。

当然，如果企业内部拥有反应能力较强、性格外向、形象气质俱佳的员工，且有过主持企业会议经历的员工，那么从内部培养主持人也是较好的选择。

（3）做好现场记录。全员表彰大会举办过程中，还应委派多名员工进行现场记录。为了保证能够记录下现场的热烈气氛，对现场记录员工应当进行工作分配：1人进行大场景的照片拍摄，1人进行领导者的特写拍摄，1人进行员工的中场景与特写拍摄，1人进行灵活照片拍摄，1～2人进行视频拍摄。

进行现场记录的目的，就是进行现场留存，未来这些内容都将作为企业文化的具体内容进行展现。同时，企业应做好相关内容的传播。全员表彰大会结束的当天，企业微信公众平台即可将当天的活动内容进行发布，这样员工将会进一步加深对企业文化的理解，并主动进行分享传播，让企业文化的展现不仅限于一场线下活动，更在互联网媒体上得以更广泛的传播。

（4）做好全员表彰大会的发言。全员表彰大会上，焦点就是那些取得优秀业绩的员工，他们不仅将会接受嘉奖，还将进行发言。一份出色的发言稿，不仅可以展现员工的自信，还能够提升企业所有员工的信心，以优秀员工为榜样不断进步。

优秀员工的发言是全员保障大会上的重中之重，领导者一定不能忽视。我们应当要求优秀员工提前三天撰写，并提交领导者进行审核、修改。如果是较为重要的表彰大会，还应当进行提前演练，及时发现问题，予以解决，保证员工登台时的状态饱满、情绪激昂。

2. 全员表彰大会注意事项

为了保证全员表彰大会的顺利进行，在会议正式开始前，企业还应做好如下细节准备。

（1）做好前期的准备。筹备小组应当与人力资源部门进行密切对接，确认本次表彰大会的规格、颁奖人数和颁奖名称，提前进行奖牌和证书的制作。为了烘托气氛，奖牌和证书要尽可能精致，并按照需求多做出几个以备用。

（2）统计领导者人数。根据领导者人数，确定每轮颁奖的嘉宾，并对领导者的着装进行建议。如果颁奖还有礼仪小姐，那么应提前确认礼仪小姐的人数和服装，通常以红色旗袍、黑色高跟鞋为最佳建议。

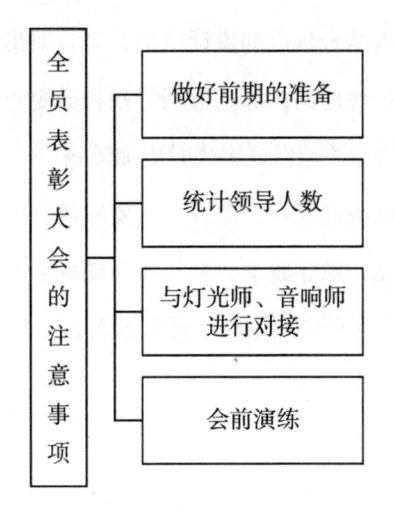

```
                ┌──────────────┐
          ┌─────│ 做好前期的准备 │
          │     └──────────────┘
┌───┐     │     ┌──────────────┐
│全员│     ├─────│ 统计领导人数  │
│表彰│     │     └──────────────┘
│大会│─────┤     ┌──────────────┐
│的注│     ├─────│与灯光师、音响师│
│意事│     │     │  进行对接    │
│项 │     │     └──────────────┘
└───┘     │     ┌──────────────┐
          └─────│  会前演练    │
                └──────────────┘
```

图 5-4　全员表彰大会的注意事项

（3）与灯光师、音响师进行对接。确定每一个环节使用的音乐和灯光效果，保证不会出现于气氛不符的背景音乐。

（4）会前演练。会前演练的重点，是引导人员如何走场，如何将领导者、员工规范地进入各自的区域。

同时，现场服务人员还应对奖牌、奖状的拿牌方式进行演练。通常来说，牌、证书正面朝前，左手上，右手下。交到领导者手里时，进行翻转，让领导者拿牌、证书正面朝前。安排一人，在上台领奖人员座位边侧，指挥上台。安排2～3人从会场拿出领奖人员放在台下桌子上的牌、证书放回现场服务人员、礼仪小姐所在位置。

（5）领导的发言词。全员表彰大会的最后，领导者会走上讲台进行发言。领导者的发言词要内容饱满、情绪高昂，充满煽动性，这样才能让正常全员表彰大会圆满落幕。

通常来说，领导者的发言词会由秘书、助理撰写。领导者拿到初稿后，一定要仔细审核，确认是否详略得当、重点突出。如果通篇都是辞藻的堆砌，缺少具体数据、未来明确规划，那么这份发言稿需要重新撰写。

同时，领导者还应当结合自己的说话风格，亲自对发言稿进行细节调整。例如，某些词汇是自己很少使用的，那么应当寻找自己更习惯、更符合自身表达方式的近义词、近义句，这样才能保证讲述时更加流畅。

最后，如果领导者能脱稿发言，那么一定要脱稿。照着稿子念，只会给员工带来一种"应付"的错觉。敢于脱稿，领导者在现场会有更多肢体、表情上的发挥，这种情绪传达比低头念稿要更激烈、更鼓舞人心。

管理就是凝聚人心

第六章

六字箴言：做好团队PK，企业才有生命力

在企业内部开展部门PK、全员PK，将会大大提升员工的斗志，形成全员正向竞争、全员不断进取的极佳氛围。所以，我们要从眼、耳、鼻、舌、身、意六个方向，塑造企业的全方位PK文化。当然，PK文化需要保持合理的度，否则很容易发展成为部门、员工之间的恶性竞争，反而给企业带来负面影响。从六字箴言入手，建立一套正确的团队PK体系，企业的生命力则会长久不衰。

01
PK 的三大误区、四大原则与七大标准

PK 的目的，是激发员工斗志，在企业内部形成积极的正向竞争。但是，很多企业进行 PK 系统设置时，往往会忽视一些基础问题，导致 PK 没有达到应有的效果，甚至反而产生负面作用。所以，我们必须了解 PK 的误区、原则和标准，这样才能保证它发挥正确的效果。

1. PK 的三大误区

企业内部进行 PK，经常会陷入如下三个误区，需要特别注意。

（1）一味让团队 PK，却没有形成企业从上而下的 PK 氛围。团队 PK，从表面上看，是不同团队、员工之间的直接竞争，但究其本质，还是企业提高整体绩效的一种先进手段。任何营销手段，如果没有良好的、自上而下形成的氛围，就只会变成浮光掠影，空有形式而起不到实质性的内容。

（2）领导者不参与，却让员工参与。某些企业在学习三度课程之前，也曾进行过类似的 PK 活动。但在这些营销业绩比赛中，领导者本人并不参与，而是只要求员工参与。这种领导者置身事外的态度，导致 PK 适得其反，成了一场领导者坐山观虎斗的"游戏"。在真正的 PK 比赛中，领导者应亲身参与，而且必须要接受自己可能"输"的结果。表面上看，领导者可能会输，但实际上，赢得却是企业。

（3）没有做足思想动员工作。企业推进任何一项营销体制，必须要做足思想动员工作。当思想动员工作到位后，员工对 PK 的意义理解透彻，对其中价值充分向往，并充分期待获得 PK 的胜利。这样，他们就会积极参与到业绩 PK 中。相反，不做解释、不做动员，员工就如同稀里糊涂被送上战场的士兵，除了一败涂地，不会有其他可能。

相对于前两种情况，第三类误区对企业的危害性更大。在三度培训课程上，我见过这样的领导者。

姚总在某个培训课上了解到了 PK 会系统的好处，回到公司后立刻开展全员 PK，部门与部门之间，个人与个人之间必须写明军令状，否则轻则罚款，重则直接开除。

通知一下，所有人立刻惶惶不可终日。多个中层负责人私下交流，认为这是上面想要开除自己，从外部空降其他人要代替自己的前兆。几名负责人感觉危机重重，但又不敢直接对峙，所以私下约定进行"虚假 PK"，且对每一名下属安排同样虚假的 PK 模式。在这种莫名紧张的氛围下，最终每一个部门、每一名员工似乎都完成了 PK 要求，但事实上者只不过是为了给姚总看的一个形式罢了。

一开始，姚总并没有发现其中的猫儿腻，反而认为大家都很努力。但是，时间长了，他却发现，企业的业绩不升反跌，同时，企业内部的气氛似乎很微妙。员工见到自己虽然依然礼貌，但是似乎再也没有人主动找自己去交流工作上的心得。

姚总将这样的现象告诉了我，我立刻就发现了其"没有做足思想动员"的问题。

为什么 PK 系统启动之前，一定要做好思想动员工作？这就像一场战斗：为什么选择从 A 点进入战区，上级一定要让下级知晓战略规划，否则，下级将领就无法做好执行，只是不情愿地被动接受。

PK 系统同样如此，在开始前让中层负责人明白为什么开展 PK。争相竞争是过程，彼此共同进步是目标，实现更大的业绩是结果，竞争中彼此交流、学习是积极的信号。这些内容，中层负责人同样需要传达给一线员工，这样全员才能理解 PK 的目的。否则，全员陷入恶性竞争的局面，为了达成目标不择手段，彼此恶意攻击、恶意陷阱，最终的恶果只能由领导者来承担。

2. PK 的四大原则

想要保证 PK 产生积极的效果，那么对 PK 模式进行设定时，就要遵循如下四大原则。

（1）同级 PK。在绝大多数情况下，都要遵循同级 PK 的原则。例如，部门主管与部门主管之间 PK，小组组长与小组组长之间 PK，这样才是合理的 PK。

如果不遵循这个原则，随意选择 PK 配对，那么就会导致 PK 不在同一个水平线上，PK 毫无科学性可言。例如，领导者让企业核心部门与新组建的部门进行 PK，初衷是为了加快新部门的进步，但实际上这种 PK 严重不平等：核心部门无论资源、经验都有着先天的优势，几乎毫不费力就可战胜新组建的部门。

在这种情况下，新部门的所有成员会认为这是给自己穿小鞋，无论怎么努力也没有胜算，PK 一开始内部就会形成悲观的情绪，几乎所有人都没有必胜的信心。反观核心部门，由于彼此力量悬殊过大，该部门完全忽视 PK，只要随意工作即可胜利，对待工作同样不会完全投入。

所以，遵循同级 PK，是 PK 模式的第一原则。

（2）不同级 PK。在特殊情况下，企业内部可以开展不同级 PK，但这种情况并不多见，通常只针对特别部门、特别员工、特别业务启动时才会进行。

例如，领导者发现一名非常具有潜力的员工，且他充满上进心，愿意接受挑战，那么这个时候可以安排不同级 PK，要求其与一名有经验的小组组长进行竞争。

在开始竞争前，领导还需要与两个人进行面谈，要让给他们理解这种不同级 PK 的目的，否则他们就会认为这是不公平的 PK，产生消极心理。对于有潜力的员工，领导要对其表示：这是对你一次很有压力的挑战，希望你能在这个阶段超常发挥，以此更加快速地进步。在挑战的过程中，领导应对他特别关注，必要时可以提供一定指导，让他感受到这次 PK 不是没有胜算，只要自己足够努力，那么就会出现奇迹。这个奇迹，恰恰也是领导渴望看到的。

而对于应对方的小组组长，领导也要向他说明不同级 PK 的意义，不要因为自己经验丰富、地位较高就轻视对手。积极应对，帮助对手快速成长，那么这场 PK 就是有价值、有意义的。

（3）部门 PK。部门之间的 PK，同样是 PK 系统的重点，更是领导者关注的重点。

多数情况下，除了特别员工之外，领导应关注部门 PK 业绩。将重点放在员工之间的 PK，一方面会造成时间的浪费，另一方面忽视部门 PK，会导致中层负责人的权力架空。原本属于中层负责人的工作被领导者取代，他们会有一种"自己毫无实权，只是传话筒"的感受，对待工作的热情急速下降。

更重要的，则是领导者要具有宏观观察企业发展的能力。部门是由个人组成的，个人能力过硬不代表团队成绩一定优秀，它需要让每一个人建立团队思维，才能保证部门业绩的提升。所以，领导者要重点关注部门 PK 的成绩，发现问题与部门负责人进行沟通，具体细节由部门负责人进行解决，这样就可以形成自上而下的 PK 体系，各个环节有条不紊地进行。

（4）分公司 PK。与部门 PK 类似，如果企业规模较大，具有多个分公司，那么分公司之间也应展开 PK。作为总公司的领导者，我们不必过多干涉分公司的运营，而是应当与分公司领导者对接，分析分公司之间的 PK 成绩。

3. PK 的七大标准

确定了 PK 体系与模式，在 PK 启动前已经将误区规避，接下来就要制定更加详细的 PK 细则。如下这些细则，构成了 PK 的七大标准，在每一次 PK 之前都要进行相应的设定，最后形成完善的 PK 绩效。

（1）业绩 PK。业绩 PK 是重点，为 PK 双方划定最终的业绩要求，这是最后进行考核的最主要标准。业绩不能达到要求，那么其他方面无论多出色，也不能认定为胜利。

```
                    ┌── 业绩PK
                    │
                    ├── 耗卡PK
                    │
        PK          ├── 流量卡PK
        的七         │
        大标    ────┼── 利润率PK
        准          │
                    ├── 5S管理PK
                    │
                    ├── 创新PK
                    │
                    └── 人均效能PK
```

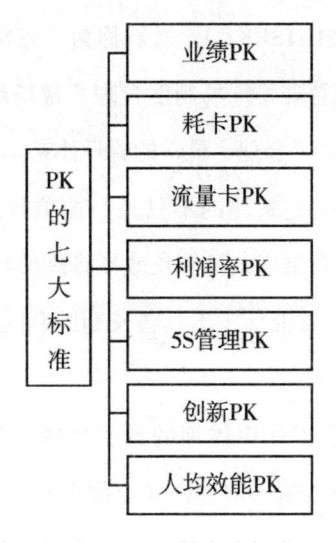

图 6-1　PK 的七大标准

（2）耗卡 PK。所谓耗卡，即是指在单位时间内，所调用的资源数量。例如，甲乙部门都在规定时间内完成了最终的目标，但是甲部门调动了更多的人力资源、物力资源，效率与乙相比更低，那么最终进行判决时应当向乙倾斜。

（3）流量卡 PK。流量卡，即是在 PK 规定的时间内，谁创造的流量卡更高，谁就有更大的优势。这种流量，包括了现金流量、产品数量流量等，不同类型的部门，涉及的流量卡并不相同。所以在考核时，应区别对待，尽可能以核心流量为考核重点。

（4）利润率 PK。润率是剩余价值与全部预付资本的比率，利润率是剩余价值率的转化形式，是同一剩余价值量不同的方法计算出来的另一种比率。如以 p 代表利润率，C 代表全部预付资本（c+v），那么利润率 $p=m/C=m/(c+v)$。

对于 PK 双方，领导应指定第三方部门或个人进行利润率的计算。谁的利润率高，那么自然获胜的比例更高。

（5）5S 管理 PK。该标准的 PK，主要是针对部门领导，在进行业绩考核的基础上，引入 5S 管理。5S 即整理（SEIRI）、整顿（SEITON）、清扫（SEISO）、清洁（SEIKETSU）、素养（SHITSUKE），又被称为"五常法则"，它分别对应的是物料储备管理、物料状态管理、现场制度管理、现场环境管理、个人素质管理，可以有效判断部门是否建立了合理、科学的管理体系。

5S管理PK非常重要，它关注的不只是一次项目的最终结果，而是考核一个部门是否具有完善的规章制度，具有长效性管理的特点。如果PK的一方虽然业绩获胜，但是5S管理非常混乱，不具备长期胜利的可能性，那么评价应适当降低。

（6）创新PK。即为在工作中体现的创新思维，包括思路上的创新、管理上的创新、产品设计上的创新、销售模式上的创新等。创新并不一定决定最终就会业绩胜利，但是这代表了部门或个人主动探索求变的态度，所以适当上调评价。

（7）人均效能PK。它主要针对部门之间的PK。人均效能越高，意味着团队内部每一个成员的能力发挥越突出，具有竞争优势。通常来说，人均效能越高的团队，往往最终获得胜利的可能性越大，所以它也是最终评价的重要参考指标。

基于以上这些标准，对PK结果进行考核时，我们要针对不同方面进行不同的加权，这样PK考核才更加严谨、可靠。如表6-1所示，这是某企业的绩效考核标准，我们可以按照本企业的特点进行细化调整。

表6-1 绩效考核表

被考评人		部门		职务	
考评人		考评时间			
考核项目	细分指标	权重（分）	指标具体内容及定义		考核评价得分
专业知识与技能（20分）	专业知识	10	掌握从事本职岗位的专业知识（基础知识、业务知识、关联知识）		
	专业技能	10	掌握从事本职岗位的专业技能		

续表

考核项目	细分指标	权重（分）	指标具体内容及定义	考核评价得分
业务技能（25分）	分析判断与应变能力	4	能对复杂的问题进行正确判断，处理工作事物机敏灵活，并能在自己职权范围内迅速准确地对多种备选行动方案进行评价，并作出最终决定	
	问题解决能力	4	根据现场的突发事件，能够从多方面进行分析，找出故障原因，从而解决问题	
	执行能力	5	对上级的命令、下达的计划、布置的工作及时贯彻执行，并及时复命	
	创新能力	4	在处理工作事务时，运用新思维、新方法提高工作效率和效益	
	表达及沟通能力	4	能清楚、完整地向对方充分说明及表达自己的想法而使其理解，并能聆听及尊重对方的意见	
	协调及人际关系能力	4	作为组织的一员，能够自觉地与组织内其他成员保持良好合作关系，热情协助他人的工作，积极参加公司及部门内部的各种活动，维护良好的同事关系	
品质与态度（20分）	道德品质	4	诚实正直、以身作则、克己奉公、乐于助人	
	忠诚度	2	对公司忠诚的程度及爱护公司的行为	
	责任感	2	充分理解自己的责任和义务，不回避责任，在期限内完成上级交付的工作，以主人翁的态度去完成工作	
	进取心	2	学习努力，时刻向上，不断提高和完善自己	
	纪律性	2	理解和遵守公司的各项规章制度，服从上级的指示和命令，出勤率高	
	自信心	2	对工作目标以及自己的决定充满信心	
	工作热情	2	工作积极主动，经常愿意挑战艰难性工作	
	吃苦耐劳	2	在工作中不怕苦、不怕累	
	合作精神	2	在本部门内和关联部门与同事相互配合及协作的态度	

续表

考核项目	细分指标	权重（分）	指标具体内容及定义	考核评价得分
工作绩效（35分）	目标达成度	15	工作目标达成情况	
	工作量	10	如期完成工作任务量	
	工作质量	5	工作效率高且完成质量高	
	客户满意度	5	根据客户意见反馈	
出勤状况	出勤天数：_____天。 迟到、早退：_____天。 旷工：_____天。 事假：_____天。 病假：_____天			
总经理			部门负责人	总分值

4. PK会的引领意义

PK会的引领意义，其实也体现出三度自主研发和实践的六大会议系统的价值。

（1）打造团队的PK文化，现场落地流量系统。只有内部充分竞争，形成团队集体你追我赶的氛围，才能产生积极的推动力量，让员工不仅为自己工作，更是为其所在的企业工作。

结合PK会，打造现场落地流量系统，是三度公司特有的指导模式。通过专业咨询导师在企业的门店店面现场，指导客户流量的获得、转化和变现过程，重点提升企业内部团队对市场的掌控力度。

流量系统是PK会得以高效运行的基础，主要包括流量卡、储值卡、消耗卡等落地方案。这些方案分别对应营销的各大环节，由专业导师团队上门提供系统的解决思路，而企业团队则需要严格执行这些思路，学习如何吸引客户上门、充值和消费的关键步骤，在此基础上进行有效PK。通过这一系统和PK会的共同落地，企业不仅能获得营销活动利润的迅速提升，还能学到最适合自身的营销思维，以此激励员工。

（2）传递企业正能量，解决内耗问题。毋庸讳言，许多企业存在着内耗问题，尤其是女性员工居多的企业，很容易因为日常工作中的细节矛盾埋下人际关系问题的伏笔，导致工作能量的不断内耗。

当然，这一观点并没有任何歧视女性的意识，而是因为女性特质决定了她们会更加心细、感性，既容易协同作战，也容易产生误会。一旦领导者失去了应有的掌控力，就会带来长远的内耗隐患。

事实上，男性员工也同样存在类似问题的可能。因此，领导者必须懂得如何建立企业的正能量系统，随时对企业内耗苗头加以扼杀。

通过PK会议引导和支持下的六大系统，企业全员将在专业管理咨询机构的指导下，利用管理工具的梳理和导入，统一员工思想、明确目标、找到方法、增加流量，最终形成正能量的积极传递和循环。

02
眼：随处可见 PK 的景象与画面

想要打造企业内部的 PK 文化，首先要从"眼"做文章，让员工一进入公司就能看到 PK 的景象和画面，从视觉上激发 PK 的欲望和斗志。

我曾去过很多企业，在其公司墙上，我看不到 PK 因素。有的悬挂产品介绍，有的悬挂优秀员工介绍，但这些只能属于对外的广告，却谈不上是 PK 氛围。员工身处在这样的环境中，眼睛受不到刺激，思想也受不到冲击。

在三度，我们将每个月业绩优秀员工的照片复印 50 多张，悬挂在公司各办公室，让所有人在工作过程中，随时都能接受来自优秀员工的压力和号召力。不仅如此，我们还将他们的照片寄送到分公司，要求分公司也悬挂。这种环境塑造，刺激了普通员工的"眼"，也让优秀员工备受感动。

如果这些优秀员工下个月无法保持成绩，输掉 PK，我们就会当着他们的面，换上新的冠军照片。这样，PK 系统就转化成直观形象的视觉系统，随时影响和带动员工。

企业该如何行动，才能打造随处可见的 PK 景象与画面？

1. PK 板塑造企业 PK 文化

PK 板，即为张贴于办公环境中的公告板，主要以背景板的形式进行展现。PK 板可以直观地传达企业 PK 文化，让每一个走进工作环境的员工无时无刻不感受到竞争的存在。

通常来说，PK 板应设置于办公环境内的显著位置，部门内部的 PK 板应当设置在车间、办公室的墙壁至上，尽可能地靠近门口，当员工进出之时都会看到。

部门与部门之间的 PK 板,则应在部门负责人的办公室内显著位置摆放,时刻提醒部门负责人关注 PK 的内容。

PK 板上,应当将具体的 PK 信息进行公示,精准到每一个部门、每一个人的身上。PK 板应当以月、周、日为单位,每天下班后由专人进行填写,保证数据的精准。这种动态变化的 PK 内容,会给部门、员工每天都带来动力与激励,确保部门、员工始终保持着积极的进取心态投入到工作中。

2. 有计划性的办公区设置

为了提升 PK 的效果,企业可以对办公区进行适当调整,将互相 PK 的部门、个人尽可能安排得较近,但又不要绝对紧邻。这样做的目的有两个方面:一方可以很轻松地看到另外一方奋斗的场景,因而督促自己也必须投入到工作中,否则很容易被对方甩开。不绝对紧邻,则是为了降低不必要的矛盾和摩擦。如果部门、个人之间紧挨,一旦竞争的过程中出现些许摩擦,很有可能导致双方产生激烈的争执。所以,适当的间隔,会给双方带来一定缓冲,既保持竞争,又不会产生敌对。

3. 设置文化墙,定期更新工作动态

办公区内部还可以设置文化墙,它的主要作用是展现每一个部门、员工的工作状态。要将员工工作状态投入的照片作为第一选择,张贴于文化墙上。

通常,文化墙的照片更新时间以一个月为宜,尽可能兼顾到每一名员工,既有大场景的全员工作照,也有每一名员工的特写工作照。每一名员工经过文化墙时,就会看到自己工作的状态,以及 PK 对手的状态,从而进行比较和调整,始终保持最佳状态。

需要注意的是:文化墙的目的在于传播企业文化,进行 PK 景象传播仅仅是其中之一的功能。同时,企业鼓励 PK,但不要过分刻意强调 PK,以免让部门负责人、员工的心态产生焦虑,出现不当竞争的心理,所以在文化墙上我们不必突出 PK 这样的字眼。展现部门、员工真实的工作状态,他们就会自动产生积极竞争的心态,过于强调 PK 反而会产生副作用。

4. 晨夕会的动员与号召

晨夕会的作用我们已经了解，那么在晨夕会上就要将 PK 文化引入。每天的晨夕会每个人用简短的话语说明自己当日的工作完成量、接下来的工作规划，这样 PK 的双方就会仔细聆听对方的计划，并与自己的规划做对比，确认是否已经落后。

如上这几种方式，都会打造随处可见的 PK 景象与画面，我们不妨灵活借鉴。当然，不要为了 PK 而刻意制造部门、员工之间的对立。例如，某些领导者喜欢用指桑骂槐的方式批评 A 部门负责人，但事实上却是说给 B 部门负责人听，这种看似"有技巧"的方式反而会造成两个部门的负责人互相认为是对方给自己穿小鞋，从竞争转化为敌对。PK 的内容，始终要围绕工作展开，不要超过这个度，让整个企业处于一种剑拔弩张的氛围之中，那样反而会打破原本和谐的企业文化。

03
耳：随处可闻 PK 的景象与画面

声音，同样也是塑造氛围的手段之一。所以对于团队 PK，也要做好"耳"字的探索，打造随处可闻的 PK 景象与画面，让员工进入公司，即可听到工作的声音和 PK 的声音。

员工进入企业，就要能听见团队工作的状态以及 PK 的声音。很多企业的办公室，总是"这里的黎明静悄悄"。走进去，仿佛是走进了学术机构。但在三度，情况绝非如此。从企业成立初期开始，我们就在办公室安置一面鼓，随着发展壮大，这面鼓越来越大。只要有员工出单，他就会打响这面战鼓，随着喜庆而奔放的节奏，形成热烈的集体仪式，让所有人为之感染。

除此之外，我们的晨读仪式，也会带给员工独特的"听觉"刺激，让他们每天走进企业后，都能沉浸在浓烈的情绪氛围中，感受到日常出单的鼓励。

相对于"眼"，"耳"的传播并没有那么强烈的视觉冲击，所以我们要采用如下这些巧妙的手段，做好团队 PK 文化建设。

1. 上班与下班时的音乐渲染

音乐最具感染力，所以在上班和下班时，企业应当播放相应的音乐进行情绪传达。例如上班时，我们可以播放铿锵有力的流行音乐，如《飞得更高》《我相信》这样的正能量音乐，具有很燃的情绪感染力。清晨各部门员工就位后，听到这样的音乐自然会产生奋斗、竞争的能量。

下班时，我们可以播放较为温柔但又充满能量的流行音乐，如《倔强》《蜗牛》等音乐，这些音乐的节奏并不激烈，有助于员工舒缓一天的疲劳，将紧张的精神适当舒缓。但它们的主题却是积极向上、不断奋斗的，所以依然会给全员带来振奋人心的效果。

2. 用口号进行 PK 的传播

很多企业的晨夕会上，都会有喊口号的环节，这也是进行 PK 文化声音传播的途径。如下这几种口号，都将 PK 的理念植入其中，全员一起喊出声、一起聆听，就会产生振奋人心的效果。

努力就能成功，坚持确保胜利！

少给自己泄气，多给自己鼓励！

我要时常微笑，面对周遭一切！

一鼓作气，挑战佳绩！

发光并非太阳的专利，我也可以发光！

相信自己不能，就是故意使自己无能的手段！

拼命冲到底，再努一把力，努力再努力，人人创佳绩！

成功决不容易，还要加倍努力！

我拼搏，我精彩，我奋斗，我幸福！

挑战极限，身先神显。风华正茂，出类拔萃！

全力以赴，矢志不渝。坚持出勤，专业提升！

今天付出，明天收获，全力以赴，事业辉煌！

要有信心，人永远不会挫败！

追求卓越，挑战自我。全力以赴，目标达成！

失败与挫折只是暂时的，成功已不会太遥远！

拼命冲到底，再努一把力！

敢于竞争，善于竞争，赢得竞争！

别想一下造出大海，必须先由小河川开始！

成功是我的志向，卓越是我的追求！

精神成就事业，态度决定一切！

摒弃侥幸之念，必取百炼成钢；厚积分秒之功，始得一鸣惊人！

这一秒不放弃，下一秒就会有希望！

寒冬可以没有阳光，酷暑可以没有阴凉，人生不能没有梦想和方向！

相信自己，走自己的路，让别人无路可走！

我要为我自己加油，力争上游，永不停息！

历经一番血泪苦，敢教自我换新颜！

流血流汗不流泪，掉皮掉肉不掉队！

谁英雄，谁好汉，比一比，看一看！

类似的口号还有很多，我们应当结合企业自身文化的特点，提出专属企业的PK口号，以此给每一名员工带来强有力的激励。

3. 固定的广播美文分享

部分企业搭建了内部的广播平台，可以在企业内进行广播播放，企业不妨借助这一渠道，进行企业PK的渲染。例如，每月月底，通过内部广播播报本月部门PK的成绩，以此激发各个部门的斗志。还可以每周五下班前，分享一篇关于奋斗、竞争的美文。企业应专门开设一个"广播休息时间"，这期间全员可以放下手头工作聆听广播内容，在美文中感受到PK的意义和价值。

04
鼻与舌：打造企业的家庭化氛围

鼻与舌，对应的是嗅觉与味觉。相对于视觉、听觉，它是一种抽象的感受，并非具象的画面或声音。企业管理系统中，同样具有鼻与舌的效应，那就是"氛围"。

领导者必须擅长打造企业的家庭化氛围。人们喜欢家庭，是因为家庭有爱、有感恩、有彼此的关怀和支持，能让其中每个人从鼻到舌，都体会到温暖。企业如果想要建立强大的PK氛围，就要强调"鼻舌"效应，让员工感到这里就是自己的家。

在三度，如果员工需要加班，那么提前去预订外卖、水果的，一定是领导者。

如果员工生病，第一个走进病房慰问的，也一定是领导者。

企业只有以家庭化为基础，以感情为联系，打造爱、感恩和奉献，才能去推动激烈的内部竞争。如果一味强调纪律、责任、竞争，不仅员工自身压力过大难以承受，领导者实际上也不可能持续保持这种状态。

我们提倡团队PK，但前提是：它建立在家庭化的氛围之中，而非敌我双方。就像我们会与自己的兄弟姐妹比做饭、比成绩，但不会因为成绩的高低而翻脸，因为我们是一家人。

团队PK同样如此，如果没有家庭化氛围，那么提倡PK就会让部门之间、员工之间成为仇人。企业需要建立一种带有家庭气味的氛围，走进企业可以品尝到家庭的温馨、闻到家庭的暖意，带着一种积极互动的心态去PK和竞争，这样才能构建有生命力的家庭化企业。

1. 领导者要做好"家长"

绝大多数企业，是拥有三种角色，决策层（领导者与高管）、管理层（部门负责人）与普通员工，就像一个家庭。每一个角色，负责的工作不同，所以承担的责任也不尽相同。

处于决策层，领导者和其他高管具有很强的企业影响力，一举一动都会给企业文化带来改变，其行为非常容易被模仿，行为方式往往成为下级员工的榜样。

在日本访问时，不少日本中小型企业给我留下了深刻的印象。这些企业的社长往往会比员工每天更早来到公司，他们做的第一件事不是把自己关在办公室里，而是早早站在厂门口迎候员工，认真地向每一位上班的员工打招呼、问好。即使是对迟到的员工，也不会声色俱厉地批评或训斥，反而会问："今天是不是家里出了什么事情？如果有什么困难请讲出来，公司会为你解决问题！"

也许这不过只是一句寒暄，但是却让员工感到了家庭般的温暖。对于企业的家庭化氛围塑造，日本企业可以说是独一无二的，员工结婚、生子或有丧事时，总能得到企业送的一份礼物和企业老板签名的慰问信。如果是团队组合做出了成绩，企业除了对员工进行表扬奖励外，还要向其家人表示祝贺、致谢。"亲如一家"，这是不少日本企业的经营座右铭，这就是为什么很多日本企业规模也许不大，但是经营时间长达百年的原因之一。很多人都在解析"为什么百年老字号企业日本最多"，却都忽视了一个重要的原因：家庭化氛围，是关键中的关键。

领导者可以做好"家长"的职责，让员工感受到温暖，他们就必须思考：如果由我生产的产品不合格，那么就会给真个家庭带来危机，这不是我想要的。所以，他们会带着诚意、爱心去工作，会与其他同事进行比赛，看谁最优秀，对工作不仅仅是为了养家糊口，更产生了对待家庭一样的责任心。这样一来，他们对工作的热情和兴趣就会始终居高不下，在工作中不断发现改善的技巧，从内心忠于企业。

这种家长式的关怀，可以让一线员工感受到温馨，所以 PK 的情绪始终在合理范围内。领导者必须做好这些工作，例如，管理层可以在部门会议结束之后，项目总结之余，进行部门范围聚餐、小酌，既可以延续活动气氛，保持近距离的沟通，又拉近了彼此感情，亲情的感觉油然而生。员工对企业产生如家庭一般的信赖，那么企业的生命力就会更加顽强。

2. 学会化解员工之间的矛盾

领导者必须如父母一般，看到兄弟姐妹之间出现矛盾，要第一时间进行化解，通过合理的手段让彼此重新恢复相亲相爱的关系。

企业引入 PK 模式，可能会造成一些矛盾，尤其是部门负责人之间。他们承上启下，既要接受领导者的指示，同时还要管理一个团队，自然压力颇大。一旦与其他部门 PK 时处于落后的位置，往往会有些心浮气躁，因此不免与对手产生争论、隔阂。

这样的现象，是企业发展过程中不可回避的。领导者一旦发现要立刻着手解决，与部门负责人进行交流，一面批评，一面安抚，不袒护任何一方。这种批评，应当是私下的，而不是在公开场合进行，解开心中纠结才是第一目的。

例如，领导者发现 A 部门负责人的怨气颇大，那么不妨将 A 部门负责人叫到办公室，让他说出内心的真实想法。随后，领导者还应与 B 部门的负责人进行交流，寻找两人之间的矛盾点在哪里。接下来，老板可以在下班之后邀请两人一起到家中就餐，在饭桌上用一种轻松的氛围化解 A 部门负责人的心结，并引导 B 部门负责人作出解释。在这种氛围之中，不妨一起小酌，推杯换盏之间解开内心的矛盾，部门负责人谈彻心扉，亲情感觉油然而生，原有矛盾也会荡然无存。

同样，这样的方法也应在部门负责人上使用。发现员工之间因为 PK 而出现矛盾，要及时介入进行沟通。这就要求负责人必须时刻关注员工的动态和心态，尽可能在发现苗头时就及时解决，进行事前处理，这才是未雨绸缪，防患于未然的上上策。如果可以做到这一点，那么企业自然会被浓厚的家庭化氛围包围，PK

模式也会在健康的环境中发挥作用。

3. PK 的背后，是容错文化

团队 PK 的目的，是激励每个部门、个人爆发出最大的潜力。但是，PK 绝不是为了找出"失败的一方"，对其进行处罚，否则就会出现本末倒置。

有不少企业领导者曾和我说过，他们将 PK 模式引入企业管理，一开始效果明显，但三个月后往往问题颇多，甚至还会产生负面影响，核心员工流失。他们引入 PK 模式，无一例外都有这样一个现象：对待失败的团队或个人采用非常严厉的处罚模式，轻则扣除当月奖金，重则直接调离岗位，更有甚者还会在全员大会上进行公开批评。

如果你的企业同样存在这种现象，那么请立刻停止。

PK 当然需要分出胜负，但是它的目的是"正向激励"，而不是据此"无情打击"。所以，建立 PK 模式的同时，更要建立"容错文化"。如果企业不能容错，只强调整齐划一的纪律，不允许员工失败，那么员工就不可能成长。对于企业、领导者，他们的恐惧心理是远远大于依赖心理的。

我们该如何做，才能在 PK 体系之下，同时建立容错文化？

首先，是领导者要正确对待 PK，对于失败的一方不着急立刻批评，而是应当让其说明原因，并和他一起纠正问题、提出建议，在下一次的 PK 中进行优化调整。一两次做不好，以后再试，慢慢提高水平。我们要关注的是态度和工作思路，如果这两个方面没有问题，那么不妨让其暂时离开 PK 模式，待一些工作技巧得以优化后再进行。态度端正的员工，如果总是遭遇失败，反而会给自信心带来影响。尤其是刚入职的员工，他们知识、经验不足，这个时候出错是正常现象，"上手即创造奇迹"反而有悖常理。

当然，如果连续 PK 失败的员工，身上明显出现对待工作态度不积极的现象，在经过交流后依然没有改进，应立刻将其调离岗位、开除。我们的容错文化，针对的是与老板、企业一条心的员工。

其次，正确认识 KPI 考核。KPI 是衡量部门、个人业务是否达标的唯一指标，但是不等于我们必须"唯 KPI 论"。一个正在培育巨大价值的新业务团队，它的 KPI 很可能非常差，在相当一段时间里大概率处在"亏损"状态。因为这个团队面对的业务是未知的，是前所未有的，整个团队需要不断创新才有可能找到正确的路。在短期内，他们必然需要多次试错，才能逐渐走上正轨。恰恰就是因为有了那些错误，并将其抛弃，团队最终才会找到正确的方向。因此，对于正在进行创新探索的团队、个人，领导者应当降低他们的 PK 标准，给予他们较为充分的探索时间。他们甚至可以暂时不参与 PK，以保证他们有耐心和精力去试错，待结果逐渐明朗后再启动 PK 模式。

最后，领导者和其他企业高层还要建立正确的 KPI 考核模式。华为的一项重要制度就是"评议制"，非常值得我们学习。中层负责人是需要评议的，把这个人一年的各方面表现、业绩拿出来，由上级领导者进行讨论。简而言之，对于中层负责人的评价，KPI 只是一个参考而不是结论，公司给予中层负责人一定的容错空间，这样他才可能不断进步，而不是被毫无人情味的 KPI 考核吓坏、击倒。

4. 正确认识 PK 文化

PK 文化会给企业带来正向的刺激，但是领导者要明白，PK 文化必须适度。在不少企业中，我都发现这样一个现象：只要赢得 PK，那么就会获得大量的物质奖励。这种模式背后的危机同样非常明显。部门、员工"唯物质刺激论"，只要某一次 PK 的奖励比上一次要低，那么斗志就会明显下滑，认为过少的奖励让自己提不起兴趣。

同时，PK 文化带来的"高绩效导向"，还会导致企业内部的人事关系紧张。尤其是只有末尾淘汰的企业，人人危机四伏、压力巨大，不要说与其他人合作，就连最基本的交流都有可能出现摩擦。因为，这种竞争是零和竞争，自己的成功必然要建立在别人的失败上。这种严重扭曲的"狼文化"，导致部门、员工不仅攻击对手，还会攻击自己的伙伴。

所以，企业必须建立高绩效和适度竞争相平衡的价值导向和文化氛围，培育良性竞争的组织土壤，缓和企业内部的竞争关系。尤其对于领导者，要建立正确的价值观评价，可以物质奖励，但是绝不是无底线的物质奖励。

当领导者能够做好如上这些，给员工带来一种家庭的温暖，那么他们就会如亲兄弟一般你追我赶、共同进步，看到对方出现问题还会主动纠正、辅导，而不是如仇人一般杀红眼睛，毫无底线！

任正非曾说过："氛围也是一种宝贵的管理资源，只有氛围才会普及到大多数人，才会形成宏大的具有相同价值观与驾驭能力的管理者队伍，才能在大规模的范围内，共同推动企业进步，而不是相互抵消。"企业应该是一个大家族，彼此相互依赖又相互竞争，保证每一个人都不会掉队，这才有对外的实力。这就是管理的最高智慧，打造内部的家庭化氛围，实现正向PK，才能战无不胜。

05
身：让团队在身体上找到 PK 的感觉

身体，同样也是传达情绪的载体。做好团队 PK，同样要在身体上做文章。通过引导员工在身体上找到 PK 的感觉，才能让他们身体力行参与竞争中。

例如，企业在开会、喊口号过程中，运用的是"身"。员工未能完成任务，主动兑现承诺、接受"惩罚"，运用的也是"身"。当员工用身体动作，去感受竞争的乐趣，直面竞争的压力，他们才会对 PK 产生直观印象。

三度曾经运用过一种"惩罚"方式，即要求员工脱下鞋子，穿着袜子站在桌上，给客户打电话。除非完成日 PK 任务，才能从桌上下来。这是我从电影《死亡诗社》里学来的。员工对这种形式的"惩罚"并不排斥，反而乐在其中，因为他们知道，这些超出常规的身体活动体验，只是为了引导他们调动全身心参与竞争的手段。只有适应这些，记住这些，他们才会有更强的动力去面对 PK 压力。

值得一提的是，领导者也应该参与到这种"身体力行"中。三度有领导者曾经多次陪同团队吃过苦瓜，不仅吃，而且比员工吃得多，甚至吃完了苦瓜籽。表面上看，这个团队虽然输掉了本次 PK，但作为领导者，却赢得了整个团队。如果团队员工没有完成任务，输掉 PK，第一个接受惩罚的必须是团队领导者。

对"身"因素的开发，只要是有利于员工成长，在自愿自觉和不违背法律法规、社会公德的基础上，还可以有更多执行思路。这一因素在 PK 中的重要意义，体现于如下方面。

1. 晨夕会上的身体语言

晨夕会，是每天、每周、每月最重要的会议之一，在这个会议上最忌讳的场景就是所有人呆若木鸡，只有领导者一个人喋喋不休。

成功的晨夕会，必须传达出振奋人心的力量，包括口号在内，目的就是让员工正视工作，正视 PK，带着奋斗的决心迎接挑战。

所以，晨夕会必须热烈，甚至有一些夸张。如果每一名员工在自己发言时可以做出握拳头、用力点头的姿态，这就说明他的情绪已经被点燃，用身体语言做出了表率。当所有人在晨夕会上都呈现出一种挥斥方遒、斩钉截铁的姿态语言，那么就表明整个团队都信心满满，愿意迎接挑战！即便晨夕会一开始有些走神、萎靡的员工，看到其他人的振奋人心，也会受其感染，主动加入。

所以，召开晨夕会时，无论领导者还是部门负责人，都要积极调动员工的情绪，自己要行动起来。尤其说到重点内容时，可以用略显夸张的动作和语气，表达出内心强烈的情绪。领导者可以先"动起来"，那么员工就不会受约束。

2. 同事彼此之间的互动

互动，也可以传达情感。尤其当双方做出约定后的姿态，更容易激发人的斗志，朝着目标相互竞赛。

所以，当 PK 对手、PK 指数确定后，约战的双方一定要做出姿态上的"PK"。例如，在 PK 会上，A 部门预定与 B 部门在下个月展开竞争，这个时候 A 部门负责人应当与 B 部门负责人先相互握手或拥抱，表示双方已经接受挑战，且是在一种相互尊重的心态下进行的。接下来，双方部门负责人可以做出一个"相互拳击"的姿势，意味着 PK 从这一刻正式拉开帷幕！

这些行动，都是一种"仪式感"。仪式感本身并没有太大意义，即便双方假装挥拳，也不意味着就是要你死我活。但是，它却可以给其他人传达一个明确的信号：接下来的 PK 不是儿戏，双方一定会为了各自的目标全力出战。当领导者做出这样的姿态，就会被部门员工看在眼中、记在心里，燃起奋斗的决心。

同样，这样的"仪式感"行为，也要在员工与员工之间展开。呈现出必胜的决心，对方给予相同的姿势反击，那么接下来的 PK 必然异常激烈。

3. 领导者的身体语言

为了让团队理解、认同企业开展的 PK 文化，领导者自己也不能只是"局外人"，只看员工的 PK。在布置任务的阶段，领导者也应用自己的姿态、语言等，参与到 PK 活动之中。

三度培训课程中，有一名已经毕业的学员，就采用了非常好的方法，加入员工的 PK 之中，非常值得学习。

马总每次在 PK 会议结束前，都会主动走上讲台，大声地说："新的 PK 已经开始，希望大家加足马力，获得最终胜利！我也不可例外，我的对手，就是我自己！上个月我个人的业绩是××××××，那么本月我的个人业绩 PK 指标为×××××！同时，我还有更多挑战的内容。上个月我的体重是 170 斤，这个月要挑战 165 斤！"

说罢，马总会让秘书拿出一个与自己真人一样大小的 KT 板，并与他假装拥抱、握手。最后，马总会将自己的 PK 挑战书给全员展示，每次这都是 PK 会议上全员最乐意看到的环节。

马总这样做，目的有两个：一是参与到 PK 活动中，且对手就是自己，要让员工看到即便身为领导者同样需要对业绩进行挑战，做出表率作用；二是通过这种幽默的方式，化解 PK 活动带来的紧张感和压力感，尽可能让员工用一种合作的心态去竞争。这种模式非常值得推广，所有领导者都应当积极学习。

06
意：做足团队的思想动员工作

从视觉上、听觉上、文化上、行为上，我们已经让员工感受到了 PK 模式的氛围，他们能够投入到 PK 活动之中。但是还有一个关键点不容忽视，且它的重要性甚至要超过前面的内容，那就是"意"。

所谓"意"，即为从理解到行动的过程。没有理解，那么行动只是机械地接受要求，对这种要求甚至还会抱有敌对情绪，只是因为老板做出了任务罢了。只有理解了 PK 的价值和意义，才能真正做好与其他部门、同事之间的相互竞争。

同样，如果只有理解却不行动，那么 PK 活动就是空中楼阁，没有存在的价值。很多企业都有这样的问题：PK 会上大家热情饱满，但不过两天似乎没有人记得这件事情，到了 PK 截止日，所有部门、个人的成绩都不好看，没有人能够完成目标。

开发"意"这一因素，意味着领导者要在 PK 过程中，做足思想动员工作，使员工发自内心愿意接受 PK、挑战 PK、赢得 PK。帮助员工意识到，PK 不是让他们感受到工作的困难，而是让他们从工作中找到更多乐趣，认识到更好的自己。

想要打通"意"的层面，实现从思维到行动的统一，最好的方法就是定期开展思想动员会，让全员建立正确的价值观，并立刻落实在行动之上。

1. 愿意聆听员工的意见

想要员工乐于接受 PK 竞赛，首先就要尊重员工，愿意听他们的意见，让他们对于 PK 的想法得到表达。每一名员工都是一个个体，都是"自然人""社会人"，他们都有独特的个人素质、家庭背景、专业知识、文化水平、发展潜质和心理情感。忽视员工的意见，那么他们也不可能理解 PK 的意义。

在 PK 动员会上，宣布 PK 计划后，接下来领导者应将发言权交给员工，让他们进行提问，并且做出精准的解答。例如，员工不理解 PK 的意义，那么领导者就要从全局入手，最终落脚于个人身上，让员工明白 PK 不仅对于企业，对于自己也是一个很好的进步过程。

再如，如果员工对于PK的目标有一定疑惑，那么部门负责人就要从实际入手，说明为什么要制定这个标准，并结合员工本人的特点、能力，对其进行正向激励。

在做到这两点基础上，领导者还要听取员工更多的意见。例如，员工觉得自己的对手不合适、觉得PK标准有偏差等。不要着急打断他，让他发言结束后再进行更加细致的讨论，并对目标进行调整。要让员工畅所欲言，要让对方敢于说出"心里话"，而不是假话、空话、奉承话。能够听取员工意见，动员会才是有价值、有意义的，员工认为领导可以依靠，企业有一种家的味道，愿意执行领导者布置的任务。

思想动员会的目的，就是让员工理解PK竞赛的基础上，尊重员工的意见。对员工的尊重，就是对他"个人价值"的肯定。当员工在动员会上得到了领导者的尊重，并通过问答的方式解决了内心的疑惑，那么他们就不再对PK竞赛抱有排斥的想法，而是带着激情走上"战场"。

2. 坚持"每个员工都很重要"认同原则

有的企业开展PK活动时，往往只是针对几个重点部门、员工布置任务，这样做只会导致其他员工对企业的向心力不强，即便偶尔给自己安排了PK竞赛，也没有很强烈的积极性。在他们看来："领导者眼中那些人才是重要的，我是可有可无的工具人，没必要投入到PK里。"

在思想动员会上，领导者必须强化"每一个员工都很重要"的原则，站在公司和员工的双重角度来看问题。在公司各条战线上，在一个个普通的岗位上，员工通过发挥自己的创造力，从而获得收入，实现个人的自我定位。即便做的事最普通的工作，但也是企业内不可或缺的。领导者如果不懂得尊重每一名员工的道理，那么就不是真正的"以人为本"。

同样，从员工的角度来看，他们也渴望得到重视，渴望接受挑战，渴望快速成长，让自己的价值得以真正的发挥。所以，每一次PK竞赛前的思想动员会上，都要从善于发现他们优点的角度出发，注重开发他们的潜力和创造力，让他们真真切切感受到在企业有"归属感"，为他们制定与自己岗位、能力相匹配的 PK 部门、对手，这样他们才会感到在大家庭中没有被忽视，也需要不断进步，不断给企业带来新的能量。

没有一名员工，会排斥他们的团队和组织，在他们内心中，都希望能够和身边的同事、领导者打成一片，彼此融合、交流。在思想动员会上，我们要做到全员参与，让每一名员工都有 PK 的机会，感到被领导者重视，自己正置身在一个适合自己或者充满活力的团队中，置身在一个有价值、有抱负的企业中，从内心自发自愿地去证明自己的能力，发挥自己的主观能动性，主动迎接 PK 挑战。老板和领导不能因为员工岗位的高低，就将其排除在外，对其自尊心造成伤害，打击他们的积极性。实践证明：如果一个员工在一个企业受到重视而且有自由发挥的空间，他绝对是非常忠诚的。他们的这份态度，并不是因为单纯的收入利益形成，而是因为他们同样渴望实现自己的价值，愿意忠诚于我们的管理、愿意和我们一起共事合作，愿意和企业同甘共苦。

如果因为一些原因，在本轮 PK 竞赛中，有几个部门、几个员工没有得到 PK 的机会，那么领导应亲自与部门领导、一线员工在会后进行交流，说明原因。例如，该部门、员工正在执行一项非常重要的任务，且这份任务与其他部门、个人的业务没有可比性，必须在一个较为封闭的环境中逐渐推进。为了保证项目的正常进行，所以本次 PK 轮空。给予部门、员工一个合理的解释，他们就不会心存芥蒂，而是投入到自己当前的项目之中，等待下一轮 PK 的到来。

3.邀请员工进行发言

PK 活动的主体是部门、员工，最终落实到"人"的身上。所以，在开展思想动员工作时，一定要邀请员工进行发言，从他们个人的角度阐述对于 PK 竞赛的理解、对工作的理解。这种代表性发言，往往会对其他员工产生积极的影响，让他们正视 PK 竞赛，做好充分准备。

发言稿，既要从自己的角度阐述了 PK 竞赛的意义，又要结合本店数据做分析说明，最后还能引经据典地与现实结合，效果会非常明显，很容易激起其他员工的奋斗决心。

需要注意的是：员工的发言稿，一定要要求员工亲自完成，领导者可以做指导、补充和修改，但是不可代笔。否则，员工只是机械地背诵或念，那么就不会有情感和煽动力。其他员工一旦得知其中的内幕，会更加排斥 PK，认为这不过是领导者拍脑袋想出来的决定，根本不具备价值。

4. 不吝啬赞赏

在每一次的思想动员会上，领导者都不要吝啬赞赏，着重表扬员工在上一次 PK 竞赛中取得的胜利。这样做的目的在于：首先，每一个人都渴望赞扬，当员工十分出色地完成你分配给他的工作时，偶尔给他一些表扬和鼓励，会让他今后工作得更努力。其次，通过赞赏会让员工明白，领导者是非常重视 PK 业绩的，不是随意下发任务和计划，自己顺利完成，意味着达到了领导者的预期，是自己工作能力提升的证明。最后，得到赞美的员工，通常都会主动进行复盘，分析上一次的成功经验是什么、不足之处在哪里、下一次 PK 如何扬长避短，在这个过程中学会主动提升内力。

通过眼、耳、鼻、舌、身、意，全方位调动员工，参与到 PK 会系统，就能有效解决企业业绩的增量问题。三度十余年的咨询实践表明，在导入该系统的企业中，大量员工如同打了"鸡血"，奋发向上，勇创佳绩。这不仅是企业腾飞的动力，也是员工塑造自我命运的福音。让我们投身其中，不断共同努力！